大学语文教育研究

王 优◎著

吉林大学出版社

·长春·

图书在版编目（ＣＩＰ）数据

大学语文教育研究 / 王优著 . -- 长春 : 吉林大学
出版社 , 2023.7
ISBN 978-7-5768-2333-2

Ⅰ. ①大… Ⅱ. ①王… Ⅲ. ①大学语文课—教学研究
—高等学校 Ⅳ. ① H193

中国国家版本馆 CIP 数据核字 (2023) 第 207878 号

书　　名　大学语文教育研究
　　　　　DAXUE YUWEN JIAOYU YANJIU
作　　者　王 优 著
策划编辑　殷丽爽
责任编辑　殷丽爽
责任校对　单海霞
装帧设计　守正文化
出版发行　吉林大学出版社
社　　址　长春市人民大街 4059 号
邮政编码　130021
发行电话　0431-89580036/58
网　　址　http://www.jlup.com.cn
电子邮箱　jldxcbs@ sina. com
印　　刷　天津和萱印刷有限公司
开　　本　787mm × 1092mm　1/16
印　　张　12.25
字　　数　200 千字
版　　次　2024 年 9 月　第 1 版
印　　次　2024 年 9 月　第 1 次
书　　号　ISBN 978-7-5768-2333-2
定　　价　72. 00 元

作者简介

　　王优，女，现就职于徐州幼儿师范高等专科学校，副教授。毕业于扬州大学文学院语文课程与教学论专业，硕士研究生学历。主要研究方向为语文教育、教育管理。主持省部级课题 1 项，市厅级课题多项，先后在省级学报发表学术论文多篇。

前　言

　　大学语文是一门具有基础性、综合性的学科，具有丰富的文化底蕴和人文内涵，是对大学生进行语言、阅读、表达能力训练和人文素质培养的重要基础课程之一。"语文"一词，至少有"语言文字""语言文学"和"语言文化"三种含义，分别对应其"工具性""审美性"和"人文性"三项功能。小学语文意在语言文字，重在识文断字，旨在打好"工具"基础；中学语文，特别是高中语文，意在语言文学，重在理解欣赏，旨在培养"审美"情趣；大学语文意在语言文化，重在以文化人，旨在树立"人文"精神。

　　小学和中学阶段已经学过语文，到了大学为什么还要学习语文？这是许多大学生脑海中挥之不去的疑问，在一些理工科大学生心中，这个疑问尤甚。大学阶段之所以还要学习语文，可以从以下几点考量。

　　第一，学习大学语文是弘扬中华文化的需要。中华文化积淀着中华民族最深沉的精神追求，是中华民族生生不息、发展壮大的营养源泉，语文课文蕴含着丰富的中华文化，学习文学作品是继承和弘扬中华文化的重要途径。第二，学习大学语文是顺应国家回归母语形势的需要。曾经，外语的地位远高于汉语，当时学生投入外语的学习时间远多于汉语，结果造成母语水平下降。可喜的是，近年来汉语的母语地位正在回归，汉语越来越受到人们的重视。大学语文在大学阶段占有一席之地，正是母语受到重视的一个标志。第三，学习大学语文是对抗信息时代语文能力退化的需要。信息时代，微博、微信等形成的浅阅读、碎片化阅读，以及方便快捷的文字输入，直接影响着人们的阅读能力和书写能力，造成人们对阅读较长文章缺乏耐心，提笔忘字。大学语文倡导阅读原著，要求手写作文，可以在一定程度上培养和提高学生的语文能力。第四，学习大学语文是完善现代人才素质结构的需要。现代人才素质主要由人文素质和科学素质构成，二者融则利、离则害。重科学而轻人文的传统观念造成许多大学生人文素质薄弱，进而成为后续发展的短板弱项。而大学语文是培植人文素质的沃土。第五，学习大学语文是适应未来任职岗位的需要。未来工作中，"站起来能讲，坐下来能写"的人会更加得心应手、游刃有余，口头表达能力和写作能力弱的人则捉襟见肘、处处受限。认真学习大学语文可以使说和写的能力都得到提升。

本书从多种角度探索大学语文教育，从重视传统文化融入大学语文教育到探索网络化教学模式的构建；从大学语文创新影响教学方法的研究到对大学语文教育发展的宏观指导。第一章为大学语文教育的本质，主要介绍了大学语文的学科定位、大学语文的功能特性、大学语文的研究宗旨；第二章为大学语文教育研究概述，主要介绍了大学语文教育历史回顾、大学语文教材变迁、大学语文教学现状；第三章为大学语文教育与传统文化，主要介绍了传统文化概述、传统文化融入大学语文的重要性与必要性、传统文化融入大学语文的思路创新；第四章为大学语文教学创新研究，主要介绍了创新意识概述、大学语文教学的创新思维、创新阅读教学与创新写作教学；第五章为大学语文教育发展研究，主要介绍了"大语文—人文语文"教育观的建构、核心素养与大学语文教育改革新理念、跨学科研究与大学语文课程内容的文化建构、网络化与大学语文教学改革与创新，以及超越传统，创新大学语文教育的评价机制。

在撰写本书的过程中，笔者得到了许多专家学者的帮助和指导，参考了大量的学术文献，在此表示真诚的感谢！

限于作者水平有限，加之时间仓促，本书难免存在一些疏漏，在此，恳请同行专家和读者朋友批评指正！

王优

2023 年 4 月

目录

第一章 大学语文教育的本质

本章主要介绍了大学语文的学科定位、大学语文的功能特性、大学语文的研究宗旨，根据对以上三点的详细分析，可以窥探大学语文教育的本质，使读者对大学语文教育有一个初步的了解与认识。

第一节 大学语文的学科定位

一、大学语文课程性质的定位

课程定位简单来说，就是确定本门课程是一门什么样的课程；这门课程对于学生的发展起到什么样的作用。对于大学语文课程建设而言，课程定位的问题是最关键也是最基础的问题。学者对于大学语文的定位的认识可以说是五花八门，无法形成一个确切的定论。尽管争论无法统一，但是可以确定的是大学语文的课程特点是全方位、多层次、立体化。对于大学语文课程的性质可以通过以下几个方面加以说明。

（一）基础性

语文学科具有基础性的特点，大学语文同样属于语文学科的范畴，因此大学语文的性质也体现基础性。语文学科具有很强的综合性，同时它也是其他学科的基础，语文学科对学生才能的挖掘、潜力的开发，对知识与技能的掌握能力的提升都有着鲜明的影响作用。因此提升语文素养，可以促进其他学科的学习。

学生的现实与未来生活的质量也受到大学语文的影响，这也是大学语文基础性的表现。语文渗透在大学生学习与生活乃至未来的工作与发展之中，贯穿于一个人的一生。可以说语文是一切学习、工作、生活的基础。在自然科学领域有所建树的科学工作者，其知识的渊博程度、语文基础的深厚程度同样令人惊叹。他们不仅在自己的专业领域深耕、钻研，而且对于语文和文学等领域同样有着广泛的兴趣和深刻的见解，如钱学森、杨振宁、华罗庚等。他们在自己的科研领域研究发展，语文素养可以确保他们准确、恰当地将成果表达出来，并为世人所理解、接受。因此，无论进入哪个行业，建立深厚的母语基础、提升语文水平和语文素养都有着重大的实际意义。

大学语文教育作为我国母语教育的重要组成部分，基础性是其学科性质的首要表现。学好我国的语言文字的重要性，无论是对于文科还是理工科的学生而言都是不言而喻的。学生通过改善自己的知识结构与提高文化素养，可以促进其未来的学习与工作的发展。

（二）工具性

对于思维与交流来说，语言是工具，更是信息与知识传播的载体。作为一门语言类的课程，大学语文的基本任务是让学生更好地使用母语表达自我、与人交流，其次是在此基础上更好地思考问题、深化思想。在从事其他科学研究或深入实践的过程中，大学语文是必要和根本的工具。语文的本质属性之一是工具性。而大学语文的工具性特征主要表现在口语表达、阅读理解、应用写作几个方面，尤其是应用写作能力，这是无论什么样的学生都需要具备的能力。大学生应用语文的最低要求是准确表达自己的思想，清晰地阐述自己的观点。工具性是大学语文要考虑的现实问题，大学语文教育的目的是让学生必须要学会和拥有与自己的专业和学历水平相一致的求职谋生手段[①]。

（三）人文性

人文精神是整个人类文化的根本精神。人文性体现的是对人的生存意义与人的价值的重视，人文性包含人类文化创造的理想，真善美的理想是其核心。人的自由和全面发展是人文性的终极目的，是人类文明成果的思想内核，也是对人类的现状、将来的关注与责任。大学语文的人文性是指汉语言文字中所包含的民族

---

① 唐代兴.汉语文课程的当代建设[M].北京：世界图书出版公司北京公司，2011：89-90.

文化，以及在教学实践中发挥民族文化的作用来发展学生的思想情感，培养学生健全的人格和完美的个性。

中文专业的学生不是大学语文学科的教育对象，这些学生有自己专业的语文教学体系，非中文专业的大学生才是语文教育的对象，尽管他们在汉语言文学方面所接受的教育深度、精度不如中文专业的同学，但是他们也需要全面提升自己的文化修养与人格素质，因此提升学生整体文化修养是大学语文学科关注的重点，大学语文要在教学中塑造学生的高尚的人格，培养其人文精神。在教学过程中，教师要启发与引导学生，让学生在优秀的文学作品中获得感受，提升自己的艺术审美能力，进一步追求真、善、美，获得精神愉悦。①

学生学习祖国语言就是要通过语文教育，培养学生正确理解和运用祖国语言文字的能力。我国通用的语言是汉语，它也是中华民族最根本的交际工具，中国人的语言表达、思维模式都是建立在汉语的基础上的。大学语文中灌注着几千年来中华民族优秀的传统文化，民族文化对于中华儿女而言是精神血脉，更是根。提高学生的阅读能力和语言表达水平只是大学语文学科开设的基础目的，而更深层次的目的则是提升每一个大学生的民族自豪感与认同感，让学生能够深切感受到这个"文化之根"的存在。加深大学语文学习可以促进民族凝聚力的提升，民族文化与民族思想都能在大学语文中得到生动的体现。著名语文教师于满成指出，语文不仅是一门学科教育，而且凝聚着民族情结，蕴含文化积淀。每个国家都有本国的语言课程，如美国的英语课程、法国的法语课、蒙古国的蒙古语课等。大学语文体现着中华民族的民族性特征，但是大学对于大学语文的重视程度却有待提升，很多大学对大学语文的重视程度不如大学英语，这是一个十分值得思考的问题，语文有被边缘化的趋势，这一现状也应受到广大师生的重视。

大学语文的工具性和人文性不是孤立存在的，大学语文的工具性，使其区别于其他课程；大学语文的人文性，使其区别于其他工具。也就是说，大学语文的工具性是融合了人文性的工具性，而大学语文的人文性又负载在其工具性上。工具性与人文性就是这样辩证统一的。

---

① 唐代兴. 汉语文课程的当代建设 [M]. 北京：世界图书出版公司北京公司，2011：16-18.

（四）审美性

大学语文的另一个显著特征是审美性，这是因为大学语文可以促进大学生的审美意识的提高。大学语文教材中收录了许多优秀的散文、小说、诗歌，这些作品形象与语言都有着无比美妙的艺术魅力，这些作品的情感与意境更是能让人感受到美的意义与价值。这些优秀的作品在教师的讲解之下，显示出无穷的美学价值，学生参照美的信息与规律，逐渐形成自己的审美情感，从而建立起自己的崇高的理想。审美能力对于学生如何分辨美丑是有着重要意义的，也是促进人全面发展不可或缺的能力。

综上所述，从课程性质的角度上看，大学语文的主要特点是工具性、人文性、基础性以及审美性。其中大学语文的首要特征是基础性。工具性则扮演着前提与基础的角色，大学语文的主要目的也是让学生更好地对汉语进行运用。而大学语文的最终目的，则是对学生进行人文教育，培养学生的审美思维。所以对大学语文课程的性质进行表述应该是，大学语文是高校中非中文专业学生的公共基础必修课，是一门以人文素质教育为核心的、集工具性与人文性于一体的、人文性与审美性统一的课程。

二、大学语文课程类型的定位

普通高校的课程体系是由基础理论、专业知识和技能、人文素养三部分构成的，这三个部分相互影响、彼此联系。广大教育研究学者对于大学语文是高等教育的基础学科之一的说法都表示认同。

（一）大学语文应是一门公共基础课

不同学者考虑到高等学校课程设置的三个方面（专业知识技能课程、人文素养课程、基础理论课程）对大学语文的归属有不同的理解。有的学者认为，大学语文的核心是人文素养，那么应将其归为人文素养课程。也有学者将大学语文看作基础理论课程。大学语文是面对除中文专业的学生之外的全部学生而开展的课程，这种情况恰好符合"公共"的含义；同时，大学语文一般开设在大学低年级时期，所以是"基础"的。由以上两点可以综合得出，大学语文应当是一门"公共基础课程"。大学语文的学习不仅关系到本学科的发展，而且可以在提升大学生自身素质的同时，影响学生其他学科的学习。因此，教师应充分重视大学语文课程的设置，而学生应当对大学语文的学习加以重视，只有这样才能既保证课程的设置又可以提升教学效果，最终达到课程开设的最初目的。

（二）人学语文应是一门必修课

对于大学语文课程的设置，到底将其作为必修课还是选修课，这是一个问题。当前许多普通高校将大学语文作为必修课程开展，只有一小部分学校将其设定为选修课程。大学语文作为一门选修课程，对于学生而言，这门课程似乎显得是无关紧要的，自己可以选择这门课程也可以不选择，这种边缘化的倾向是大学语文面临的相当严峻的问题。当前大学生的人文素养比较缺乏，这已经是一个较为普遍的现象，每个学生都需要进行语文学习，因此从当前大学生语文素养的现状和语文对人的长远影响来看，大学语文应当设为一门必修课。[①]

三、大学语文在整个教育系统中的地位

对大学语文的定位的研究有许多，许多人也开始重视大学语文。有的学者从理论的层面指出大学语文居于高等教育体系中的核心体系地位，但是从现实角度来看，大学语文远没有得到理论上提到的那种地位。现实的尴尬处境表现在，大学语文的开设情况不容乐观，许多大学即便开设了大学语文课程，但是其数量与质量都难以得到保障，大学语文的边缘化倾向是其当前的显著趋势。原因是大学课程体系中，实用性课程与适合时代发展的信息技术课程在近年来越来越在高等教育中占据重要位置。大学语文被专业课程所"排挤"，甚至由于国际交流的需要，大学语文的地位远不如大学英语。市场化的需求使得大学语文这种基础性学科难以受到应有的重视，大学语文的学科课时不断遭到缩减，技术与实用性的课程不断得到增加。而且对于学生而言，在当今的时代之下，学生的学习兴趣与需求也在一些趣味性强的学科或者可以为日后工作提供更大助力的学科之上，而对大学语文这种看起来比较"枯燥"的基础课程兴趣不大。此外，一些理工科的学生由于课程压力的加重，专业课的学习任务早已占据了其绝大部分时间，学生既没时间也没有精力去进行语文课程的学习。南开大学教授、教育部中文科学指导委员

---

① 李瑞山．语文素养高级读本 [M]．北京：高等教育出版社，2006：90.

会主任委员陈洪说:"语文水平下降是公众普遍面临的问题。对于当代大学生的学习、生活及日后的工作来说,语文的素养和能力不可须臾离之。"

四、对大学语文学科定位的思考

(一)对大学语文的定位要切合实际

教育部高教司《大学语文教学大纲》(征求意见稿)指出,"在全日制高校设置大学语文课程,其根本目的在于:充分发挥语文学科的人文性和基础性特点,适应当代人文科学与自然科学日益交叉渗透的发展趋势,为我国的社会主义现代化建设培养具有全面素质的高质量人才。"目前,大学语文的定位是方向性的,但是大学语文在现实课程中的定位需要精细化、确定化。近些年来,大学语文相关的研讨会不断举办,人们对大学语文的探索也不断加深,在大学语文的学科定位问题上,也逐渐形成比较一致的看法。

大学语文的定位不仅要符合时代特征,还要符合当前世界大学语文教育改革的潮流,归根结底是要符合实际。大学语文肩负着大学生素质教育与母语教育的使命,关系着学生读写能力的培养。深入开展大学语文课程培养学生学习兴趣的同时还可以增加学生的民族自豪感。北京大学温儒敏教授曾经指出,大学语文"应把学生在中学被应试教育败坏了的胃口重新调试过来"。[①]在高中时期,由于要面临高考,学生对于语文的学习缺乏对人文理论的理解与感悟,而是充满功利化的倾向。进入大学之后,在大学语文的学习中,学生应当对人文理论有更加感性的理解。因此大学教师为学生讲解大学语文的相关知识时,应当带领学生深入文学作品,在经典的作品之中感受人生哲理,反思自我,提高审美能力与认知水平。但是这种艰巨的任务通过几十节大学语文课程来实现是相当有难度的。大学语文的课程之中蕴含着中国文学乃至中国传统文化的精髓,大学语文的意义不仅在于提高学生掌握文字的能力,还在于将中国的传统文化注入大学生的思想情感之中,对其人生观与价值观产生深远的影响,把其塑造成一个真真正正的、有着中华传统文化之"根"的中国人。从这个意义上讲,大学语文的地位与价值,是其他任何实用性学科与自然学科所无法取代的。

---

① 范开田,范语砚.大学语文教育研究[M].长春:吉林出版集团股份有限公司,2020:77.

（二）大学语文的定位应考虑学校的类型

随着社会与时代的发展，社会对于学生的要求也越来越高，大学生接受高等教育的培养，不仅是为了将来所从事的工作，还要在受教育的过程中逐渐成为一个有着独立意识与人格的公民。使学生建立起基本的知识结构是大学语文的基础要求，使学生具有适应社会的文化素质与立足社会的能力是大学语文的深层次要求。

对于各类高等院校来说，不应该把目光集中在开不开设大学语文课程的问题上，而是应该在明确开设课程的前提之下，把握大学语文课程的开设质量。而学校的类型是不同的，不同的学校有着不同的人才培养任务与定位，将大学语文开设标准统一化是不恰当的，应当在课程目标制订上有所差别。对于高职类院校而言，学校的人才培养目标是把学生培养成高素质的劳动者，在开展大学语文课程时，应重视课程的基础性，让学生在掌握自己本专业的知识与技能的基础上完善知识结构体系，增强学生进入社会后的适应能力。

而普通本科院校的人才培养计划是将学生培育成高级专门人才，对于这类学生，大学语文课程的教学重点应放在对学生审美性的培育上，在课堂上由教师带领学生学习与感受经典的文学作品，开阔学生的视野，培养学生的审美趣味。而这也有助于学生以一种更轻松的思维模式来审视自己所从事的专业。对于研究型大学而言，学校的目标是培养国家顶尖研究人才，这些学生有着高水平的知识与技能，大学语文课程对这部分学生的教育应当注重审美性与文化性，使得这些学生在学习和精进自己所从事的专业的同时，培养深厚的文化涵养、感受民族文化的强大魅力、提升民族自豪感，以更大的热情与激情投身于祖国的建设工作。值得注意的是，大学语文课程的各个特性是交融在一起的，无论是基础性与工具性还是人文性与审美性，都无法做到层次的拆分，教师在教学实践的过程中，应对不同的学生有不同的侧重，从而使得教学工作达到最优的效果。

（三）结合学生的实际准确定位

教学活动是一种教师与学生共同参与的活动，整个活动是教与学的双向过程。教学要保证学生的积极性，否则无法开展。而学生的积极性的维系要从学生的实际情况出发，教师要以一种有的放矢的方式教学，而不是让学生产生一种与自己毫不相干的感觉。不同的学校，学生的基础不尽相同，所以学校在设定标准与任务时，要根据本学校的情况而定。即便是同一所学校，学生的水平也存在差异。因此教师在教授大学语文时，要根据学生不同的学习基础以及语文水平的差异进行有针对性的教学。但是面对不同语文水平的学生进行教学时，教师的教学"力度"往往会分散化，为此有的学者提出教师可以参照英语、计算机等级水平测试的要求，将大学语文水平测试分为初级、中级和高级。对于初级学生主要考查掌握汉语的基本能力，而级别越高，所考查的内容越深入，高级水平的测试主要是考查学生对中国人文知识的理解。这样一来，学生可以在自己合适的教学环境下得到最大限度的提升，而不会感受到枯燥与学习压力加重；教师也可以做到因材施教、有的放矢。

第二节　大学语文的功能特性

语文学科是中华民族优秀的传统文化的载体，肩负着传承中国文化、塑造学生人格的使命。大学语文应该是学科综合的、具有高品位人文性的课程，应让语文与文化、文学与哲学、现实观照与精神探索、生存关注与美学追求融汇在课程中，开阔大学生的视野，激活大学生的美感，升华他们的精神文化品格。

于漪是我国著名的语文教学专家，她指出："学语文就是学做人，伴随语言文字的读、写、听、说训练，渗透着认知教育、情感教育和人格教育。语言文字不是单纯的符号系统，而是一个民族认知世界、阐释世界的意义体系和价值体系，它与深厚的民族文化联系在一起。"[1] 著名学者敏泽先生也说过："我们的情感体验方式、思维方式和表达方式，以及我们成年后的价值观和审美观，无不受益于语文教育的影响。在这个意义上，语文教育影响着一个人心灵中最深层最本质的东西。"[2] 这些教育家的观点都对语文的本质进行了概括，对语文的文化内容与提升学生人文素质的功能进行了揭示。大学语文的功能应当从民族文化传承、校园文化建设、文化素质培养、智力培养几个方面进行定位。

[1] 王双同.大学语文教育研究 [M].北京：中国商务出版社，2019：74.
[2] 王双同.大学语文教育研究 [M].北京：中国商务出版社，2019：74.

一、大学语文是承续中国文化和民族精神的桥梁

从语言文学的层面上说，大学语文课程包含了中国文学的精华。千百年以来保存下来的优秀的、经典的文学作品，都是大学语文课程的教授内容。这些文学作品以优美的语言字句，传达着中华优秀传统文化的精华与内涵。"天人合一"是中国古代道家思想与儒家思想都强调的内容。儒家认为，"天者，万物之祖，万物非天不生""天地之精，所以生物也，莫贵于人"，① 人是宇宙万物中最重要的因素，人是天地的精华之所在。道家的宇宙观与人生观是"天地与我并生，万物与我为一"。在如今的社会，古代的"天人合一"② 的观念仍具有非常重要的价值与意义。人类社会的经济发展十分迅速，但是人与自然之间的矛盾却越来越尖锐，人类高速发展的背后，往往是以牺牲环境与资源为代价的。由于自然环境被破坏，各种生活平衡被打破，人类也遭到了自然的"报复"。所以对于人类而言，学习、体会"天人合一"的思想，对于处理好人与自然的关系有着极为重要的现实意义。

在中华优秀的传统文化中，人生境界与审美境界之间是有着密切的联系的。中华优秀的传统文化强调的人生观是豁达和超脱的，相比于富足的物质生活，中国优秀的传统文化更加强调对于安宁精神世界的追求。传统文化通过现代魅力体现其价值。大学语文课程的主要内容是中国传统文化，所以对于中国文化与民族精神传承来说，大学语文课程起到了桥梁的作用。大学语文课程中，教师可以对一个个鲜活的文学人物加以讲解，以自己生动投入的情感与语言向学生传达传统文化与现代精神的魅力与价值。在这个过程中，学生的民族情感得以建立，人生态度得以养成，品质与人格得以健全。

二、大学语文是校园文化建设的重要组成部分

校园文化是各个高校建设的重点。校园文化的建设必须在中国特色社会主义的指引之下进行，社会主义的共同精神与理想是社会主义建设任务对各大高校提出的要求。大学语文课程作为高校教育体系中十分重要的因素，也要在中国特色

---

① 郑晓江，程林辉 . 中国人生精神 [M]. 南宁：广西人民出版社，1998：158.

② 李远国，陈云 . 衣养万物：道家道教生态文化论 [M]. 成都：巴蜀书社，2009：106.

社会主义理论的指引之下。大学语文可以在教师的带领之下引导学生树立正确的人生观、世界观与价值观。

另外，如今社会已经全面进入网络时代，大学生也习惯于在网络之中进行学习、获取信息、休闲娱乐，在这个过程当中，大学生的思想与行为方式也深深地受网络所影响。网络中的信息错综复杂，健康的信息与消极不健康的信息交织在一起，开展大学语文课程，可以使大学生在上网时正确地分辨信息，从而做到去伪存真、明辨是非。

三、大学语文是培养学生人文素养的工具

大学语文课程在培养大学生的人文素养方面有着显著优势，这是其他任何学科都无法比拟的，因为大学语文是一门综合学科，它涵盖了文学、史学、哲学乃至艺术方方面面的内容。如今社会的普遍现象便是人与人之间缺乏人文关怀，这个现象在大学生之间也比较明显。大学生学习语文课程可以在积累语言与文字知识的同时不断提升自己的文学审美能力，进一步丰富情感，提高共情能力，从而加强自己的人文关怀。人文精神所包含的内容是十分广泛的，无论是社会、自然、人生还是关于生命的一切，都是人文精神考量的内容，大学生接受大学语文教育可以更好地和他人共处，更好地感知生命、尊重生命，从而珍惜人生，敬畏自然。

四、大学语文是实现感性与理性平衡发展的途径

艺术形象是用形象化的语言塑造出来的，大学生进行大学语文课程学习时，通过对这些形象进行美的感悟，从而在潜移默化中得到洗礼。潜移默化是大学语文塑造学生的人生观的方式，这与伦理说教有着本质的区别。文学形象通过感性与理性方式达成和谐，学生通过体会这些文学形象就可以实现到灵感的迸发、智慧的启迪。灵感显现的方式有两种：一种是长久反复地思索最终得到结果，另一种是经过偶然的启发而产生顿悟。创新意识是形象思维与灵感思维共同作用的产物。对文学形象的理解能促进形象思维与灵感思维的产生与迸发。因此，以承载文学为己任的大学语文就成为启迪智慧、开拓创新、实现感性与理性和谐统一的重要途径。

第三节　大学语文的研究宗旨

一、增强母语感染力

母语是人们思维的载体，能够帮助人们进行知识的认知、问题的分析与归纳、思想的表达与信息的沟通。在大学阶段学习母语能够提高人们语言表达能力，丰富人的内心修养，并且人们的母语水平直接影响其思维能力和创造能力的发展，对其他语言学习也有一定的帮助。大学的母语教育是为了培养高素质语文人才，学校在进行语文课程教学时，需要按照教育部门的要求设计教学内容，发挥出语文学科的特点，使高校能够顺应语文教育的发展需求。

汉语是我们的母语，虽然学生在进入大学阶段之前已经学习、应用了较长时间的汉语，但大学语文教育的主要目标为提高学生的语文综合素养，因而进行教学设计时，需要对阅读、欣赏、表达等方面的教学内容进行科学设计，进一步提高教学有效性。但部分高校对语文教育的重视程度不高，甚至没有合理安排教学课时，导致教学工作缺乏连贯性，难以达到教学目的。由于语文课程具有一定的整体性，为了能够进一步提高学生的语文综合素养，教师需要选择合适的教学方法，培养学生的审美能力。但部分高校教师还在使用传统的教学方法，由于教学形式过于枯燥，学生的综合能力没有得到明显提高，甚至缺乏学习兴趣，难以达到增强母语感染力的教学效果。因此在大学语文学习阶段，为了完成增强母语感染力的教学任务，教师在设计教学内容之前需要了解学生的语文学习情况、学习能力，并研究课程设置、教学设计方式等内容，使教学工作具有针对性，以提高学生的语文阅读、欣赏、理解能力，推动学生进一步发展，提高教学有效性。

由于大学语文课程具有系统化的特点，学生认真学习相关内容能够进一步提高语言表达能力，更加熟练地应用语文知识。大学语文课程在教学时将培养人文精神作为目标，以这一目的为依据选择教学文本能进一步提高教学有效性。但由于部分教师对这一工作的重视程度不高，导致教学工作的有效性不高，为了改善这一现状，教师在设计课程时，需要选择具有典范性的文本，并对学生的综合能力进行分析，合理筛选能够启迪思想、熏陶道德的文本，使教学具有生动活泼的氛围，让学生对语文学习产生浓厚的兴趣，并达到增强母语感染力的作用，推动教学工作进一步发展。

在编写语文教材时，为了保障其既能够满足教学大纲的要求，又能达到母语教学的意义，教师需要将其工具性与人文性进行统一，使学生能够在适当的教学环境下提高语文综合能力和对文学作品的赏析能力。但部分高校在开展语文教学时，没有合理设计教学内容，导致教学内容过于理论化，难以提高学生的综合素养，这就需要教师进行语文教学改革工作，进一步提高教学的整体性，增强母语感染力，促进教学工作进一步发展。另外，开展语文教学工作，能够促进学生进一步提高语文综合能力，改变部分大学专业设置厚此薄彼的现状。大学语文教学中，学生在学习文本之后能够形成良好的精神素养，提高综合能力，并推动社会进步。人们生活在汉语的环境下，且语文科目对社会发展有一定的影响，为了使大学语文教学达到增强母语感染力的效果，教师需要优化教学文本内容，例如：教师可以从社会发展、文化素质等几个方面选择文本内容，并在教学时对学生进行引导，进一步提高教学工作有效性，提升学生对语文的欣赏能力。

二、提升艺术审美力

艺术审美力又称艺术鉴赏力，是指人感受、评价和创造美的能力。审美感受能力是指审美主体凭借自己的生活体验、艺术修养和审美趣味有意识地对审美对象进行鉴赏，从中获得美感的能力。艺术审美能力对学生的思想情操、思想情感的发展有一定的影响，大学生即将面临就业问题，为了促进其进一步发展，教师需要合理开展语文教育工作，使教学达到提升艺术审美的效果。为了达到这一目标，教师需要合理设计教学内容，提升学生发现美、创造美的能力。另外，教师具有美感教育的责任，因此在选择教材时需要按照马克思主义审美原则整理教学内容。文学家在创作作品时，会美化人物形象，学生在学习时能够逐渐形成艺术审美力，并获得美的享受。在大学语文教学中，教学工作需要发挥出语文学科的人文性与基础性作用，进而提升学生的艺术审美力，推动学生全面发展。但大学语文教学使用传统方法难以提高教学有效性，为了改善这一现状，需要提高教学针对性。例如，在教学时，教师需要先对学生进行基本审美能力的培养，并根据学生学习情况进行审美教学，使学生能够进一步提高对语言的感悟能力，从丰富的感悟中得到美的享受，提高大学语文教学的有效性。教师在教学时需要对学生进行必要的引导，培养其勤于思考的习惯，为之后的学习、工作奠定良好的基础。

在大学语文教学中，为了进一步提高教学的有效性，教师需要在教学时帮助学生沉淀知识，提高其对文章内容的理解能力，了解文本内容情感，并将文本内容进行升华。例如，在学习《声声慢》时，由于学生接受了较长时间的语文教育，让其独立对文本进行分析没有问题，但为了发挥出大学语文教学的优势，教师需要从审美角度引导学生进行分析，使学生能够感受李清照的情感，并融入诗人的精神境界，使教学工作达到提升学生艺术审美能力的效果。

教师在教授大学语文时，为了达到提升学生艺术审美能力的目的，需要合理设计教学内容，帮助学生对作品进行感悟。例如，教师在带领学生学习《荷塘月色》这一文章时，需要先带领学生分析作品内容，让学生找到作品中传达美的关键词，并从中感悟美的哲理，达到美育的目的。另外，文学作品能够展现社会、思想等内容。例如，在学习《当》这一文章时，学生在教师的引导下能够感受到文章中描写的社会状态，感受到作品中美的力量，达到教育的目的。由于写作是语文教学中的主要任务，为了进一步提高教学有效性，教师需要在教学时加强引导，使学生能够感受到语文中的美，并延伸到生活实际中，使大学语文教学达到提升学生艺术审美能力的效果。通过这样的方式进行大学语文教育，能让学生在成长中逐渐形成完善的审美能力，促进学生心理健康发展。

大学语文教材内容具有多样化的特点，并且蕴含自然、社会等方面的美，在教学时教师需要将这一内容合理融入教学工作中，使学生循序渐进地形成审美感受，领会到作品中描写的美与丑，学生在学习时对生活实际进行分析，能够感受到提高人文素养的重要性，并发挥出大学语文教学工具性的特点，进一步提高大学语文教学的有效性。另外，大学语文教学过程中，教师需要在课前整理教学内容，适当选择文本内容融入现实生活中，并引导学生总结其中的美，使教学能够发挥出美育的作用，提高大学语文教学的有效性。

三、优化语言表达力

大学语文的教学材料，无论是叙事状物、言事说理，还是抒情言志，所选文章均为经典之作，语言运用规范而艺术，对学生的语感培养很有帮助。语文内容具有实践性的特点，人们的日常生活离不开语文，并且随着社会的不断进步与发展，语文的应用范围不断扩大，逐渐向其他领域渗透。因此，专家学者认为语文教材具有培养语文能力的作用，在进行教材编写时，工作人员要将这一基本功能作为出发点，注重语言的工具性与美学性特征，提高教材编写质量。另外，为了能够发挥出大学语文教材的教育职能，教师需要合理设计教学目标，使学生能够在长期学习中养成良好的学习习惯，并提高教学效果。培养良好的语文学习习惯需要进行不断的练习，而练习的依据为语文教材，这就需要教师应用教材带领学生进行听、说、读、写等实践活动，通过具体的语言环境锻炼学生运用语言的能力，促进学生养成良好的学习习惯。在教学时，为了能够进一步提高教学有效性，教师需要带领学生学习其他选文内容。例如，学习古诗词时，需要使用其他材料分析对仗、押韵等相关韵律知识，使学生能够提高对语文教学内容的了解程度，并提高语文实际运用能力。

在大学阶段进行语文学习对学生综合能力发展有一定的影响。在进行语文教学时，教师需要在教学之前合理设计教学内容，从学生实际能力与智力发展需要出发取舍内容。例如，教师在教学时为了达到优化学生的语言表达能力的目的，提高教学的有效性，需要先将教学课程进行分类整理，并在教学中添加不同形式的文本，带领学生进行语言表达能力练习，进一步提高教学质量。要发挥出大学语文教学的意义，需要教师在教学之前了解学生的实际学习情况，因人而异设计教学内容，达到优化学生语言表达力的目的，促进大学语文教学工作进一步发展。

由于语文的特点主要表现为语言表达，在进入大学阶段之后，为了能够发挥出语文教学的优势，教师需要进行重新设计，使教学具有科学性。例如，教师可以在教学之前对课程内容进行合理设计，在课程中融入诗歌、散文、小说等文本，使学生能够进一步了解文学形成的过程，在教学中教师可以带领学生进行写作、阅读训练，提升学生的人文素养与道德品格，进而提升其语言使用能力。另外，在教学的过程中，由于部分教师的重视程度不高，没有对课程内容进行优化设计，导致教学有效性不高，这就需要教师根据学生的学习情况、综合素养进行整体教学设计。

大学语文教学中，为了达到优化学生语言表达力的教学目标，教师需要在教学中带领学生进行文本翻译、内容分析等工作。另外，在进行教学时，为了潜移默化地优化学生的语言表达力，教师需要合理设计课后作业，使学生能够将课程内容与生活实际联系起来，形成良好的语文综合素养。但部分教师在进行教学设计时，对教学内容的连贯性重视程度不高，这就需要教师在教学之前先设计教学总体构架，并按照教学要求进行引导教学，使教学具有优化学生语言表达力的意义。

四、激发开拓创新力

创新是一个民族的希望，是社会文明的象征，随着社会经济的不断发展，教育的创新起到引领示范的作用。为了推动我国教育事业进一步发展，教育部制定了各级教育发展规划，对教学改革发展进行了科学规划，这一工作将推动人才发展，进而带动文化、社会发展。高校承担着创新型人才培养的重任，需要在学科教育教学中实施创新工程，以科技创新人才培养为主，对学生进行素质教育，提高教学的有效性。大学在进行语文教育时，为了提高教学工作的有效性，需要按照教育要求设计教学工作，达到培养学生创新能力的目的。在对大学语文教学进行设计时，教师可以应用问题教学法设计教学内容。例如，在具体教学过程中，教师可以先带领学生分析文本情感，并向学生提出与教学内容有关的问题，激发学生的创造性思维。另外，在教学中营造创新氛围能够进一步提高学生的学习积极性，培养学生的创新能力，为学生之后的学习工作奠定良好的基础。

在大学阶段进行语文素质教育，能够激发学生的学习潜能，并提高学生的创新能力，成为全面发展型人才。大学教育的主要任务为提高学生的创新能力、实践能力，使学生能够满足时代发展的需求。为了达到这一目标，教师需要将培养学生创新能力的工作放在重要位置，并整理教学内容。例如，在教学的过程中，教师需要引导学生思考解决问题的方法，使学生能够具备创新和解决问题的能力，推动学生形成完善的人格，达到素质教育的目的。在大学语文教学时，为了能够进一步提高学生的创新能力，教师需要使用新的教学手段、教学方法进行教学工作。为了全面提高学生的综合素养，教师需要引导学生增加人文艺术知识，了解思想家的智慧、自然景物等内容，促进学生思维能力发展。另外，大学语文课程内容具有多样化的特点，并且形式类型较为丰富，学生在学习时，能够形成较为完善的形象思维，激发开拓创新力。

大学语文教学中，学生的创新能力存在差异，导致教学工作难以稳定运行，为了改善这一现状，教师需要在教学时引导学生分析作者的思维成果并以作者的思维方式进行思考，提高教学的有效性。另外，为了使教学达到激发开拓创新能力的目的，教师需要在教学之前对文本内容进行全方位的审视，并将自身作为发现者、研究者了解文章内涵，在教学时教师需要带领学生进行课程内涵分析工作，潜移默化地影响学生的思维能力，进一步提高教学的有效性。教师在设计教案之前要对学生的实际学习情况进行分析，并选择合适的文本引入教学中，带领学生分析教材中的思想情感，逐渐形成较为完善的课程内容，提高学生学习兴趣，并激发其开拓创新力，达到大学语文教学的目的，推动学生进一步提高语文综合素养。在教学中，教师需要按照相关教学标准、课改需求设计教学形式，推动教学工作进一步完善。

五、丰富人文知识素养

人文素养中的"人文"，可以作为"人文科学"进行分析（如政治学、经济学、法学、社会学、伦理道德等），而"素养"是由"能力要素"和"精神要素"组合而成的，由此可得出人文素养是人文科学的研究能力、知识水平和人文科学体现出来的以人为中心的精神（人文知识）对人的熏陶感染经过个人内化升华后所表现出来的人格、气质及修养。大学语文教育是我国民族文化的载体，大学生通过语文学习，可以陶冶情操、感悟人生、丰富感情、完善人格，促进人文素养的形成与发展。

大学生是推动社会发展的重要力量，为了提高教学工作的有效性，教师需要对大学语文教学工作进行优化，把教学重点放在学生人格、气质、修养的培养上，并通过优秀作品潜移默化地影响学生的个人素养，使其形成良好的个人品质，为今后工作、学习奠定良好的基础。但由于教材版本不同，其中的结构设计存在一定的差异，这就需要教师在设计教学内容时注重中华优秀传统文化的传播，并将这一内容与教学工作进行有机融合，使学生能够在语文学习中形成相对稳定的内在品格，激发学生的爱国情怀。例如，高校可以定期召开教学讨论会议，教师共同对教学内容进行整理，并在其中融入适当的传统文化；在教学时，教师可以为学生多讲解一些经典的文学名著,开阔学生视野,提高教学效率,使大学语文教学达到丰富学生人文知识素养的目的。

教学氛围对学生学习积极性有一定的影响,为了能够进一步提高教学科学性,教师需要在设计教学内容时将文学、哲学、历史、宗教、文化、思想道德等内容融入其中,并对教学结构进行优化调整,使教学工作具有培养学生道德素养的能力,并在潜移默化中提高学生的民族自尊心和文化自豪感。部分古代文学作品具有较高的精神品格和理想,为了使教学工作达到丰富学生人文知识素养的目的,教师需要在教学中加强古代文学的教学,这是由于非中文专业学生的古代汉语知识相对欠缺。例如,在教学中教师可以将《典论·论文》《左传·襄公十四年》等具有高尚理想的文学作品融入教学工作中,进一步提高教学效率,发挥出大学语文教学的人文教育意义。现代文学中同样有许多人文素养极高的文学家,如鲁迅、郭沫若、茅盾、巴金、老舍、曹禺等,他们的作品是人文素养教育不可多得的材料。还有部分当代作品揭示了社会中的矛盾与人文知识,为了丰富教学内容教师需要在设计教学内容时将这部分文学作品融入其中,使学生在学习时能够进一步提高人文知识素养。

大学阶段的语文教学工作具有德育功能,学生能够通过相关学习了解文章中的价值观、人生观等,教师在这一阶段可以对学生进行适当的引导,使其树立正确的信念,形成丰富的精神世界。实践证明,空洞的政治说教是苍白无力的,潜移默化的精神感化犹如春风化雨、润物无声,才能真正起到德育作用。另外,在教学中为了发挥出丰富学生人文知识素养的作用,教师需要有针对性地选择教材内容。例如,教师可以选择《离骚》《苏武传》等内容对学生进行爱国主义教育,学生在接受教育之后能够丰富人文知识素养,提高道德修养。此外,大学语文教材具有理想情操教育的能力,在教学中教师选择适当的内容能够帮助学生树立正确的人生观,并提高其为人处世能力。大学阶段的语文教学还需要对学生进行语文基础教育,提高学生的语文综合能力,但由于部分高校教师对这一工作的重视程度不高,甚至没有合理设计教学内容,导致教学工作难以丰富学生人文知识素养,为了改善这一现状,教师需要合理选择文本内容,并帮助学生自主思考自身的不足,弥补缺陷,扎实基础,完善知识,提高素质。

第二章　大学语文教育研究概述

本章主要介绍了大学语文教育历史回顾、大学语文教材变迁、大学语文教学现状。回顾历史，立足当下，展望未来。读者可以通过对大学语文教育历史的了解，体会时代变革对教育的影响，对语文教育有更深层次的认识。

第一节　大学语文教育历史回顾

只有对语文教育有比较清晰的理解，才能更好地进行大学语文的教育改革研究。当前的中国语文教育是由三部分组成的，第一部分是汉语言文学专业教育；第二部分是面向海外留学生的对外汉语教学；第三部分是面向高校非中文专业学生的公共课语文教育。本书所述是指第三部分。

从宽泛意义的层面上讲，中国语文教育距今已经有 2 000 多年的历史了。孔子以培养人才为目的，提出了"礼、乐、射、御、书、数"的教育体系。在这六门课程当中，"乐"和"书"和当今的诗歌教育、识字教育是一致的，而这两部分是当今语文教育包含的主要内容。中国古代的语文教育的特征是丰富性和综合性（文史哲不分），这种语文教育是泛语文教育。

"综合性"是指古代语文教育的内容包括方方面面，是一个大综合的学科教育，其中包括经学、史学、哲学、文学、伦理学等。此外，语文训练也是综合性的，涉及读、写、听、说等内容。可见，古代的语文教育是把识字教育、知识教育和伦理道德教育三者结合在一起的。而"丰富性"是指语文教育在长期的历史发展过程中有极其广泛的、多样的教育内容。比如，在春秋战国时期，语文教育的内容不仅包括历史散文，如《尚书》《春秋》《左传》，还包括了哲理散文，如《老子》《孟子》《庄子》。

我国古代泛语文教育比较成功的经验有三点。一是特别重视读写，"多读"是古代语文教育的一条根本经验，曾有"书读百遍，其义自见"等说法。当然，古人不仅重视读写，也格外强调思考。朱熹指出，读书要"循序而渐进，熟读而精思"。二是强调诗文的教化作用，诗文教化是古代语文教育的一贯传统。三是语文教育注重文化交流，在交流中培养国民兼容并包的志趣、海纳百川的胸怀。

在我国，严格学科意义上的语文教育开始于现代，1903 年，清政府制定了《学务纲要》，开始对中国文学教育提出要求；1904 年 1 月 13 日，清政府颁布《奏定学堂章程》，开始将"国文"与其他学科分开教学；1912 年，民国政府依据《壬子学制》颁布了《普通教育暂行课程标准》，正式宣布了各类学校的"中国文字""中国文学"课程更名为"国文"；1920 年，北洋政府教育部正式令小学"国文"改为"国语"，全部采用白话文教学；中华人民共和国成立后，叶圣陶先生将"国文"科正式更名为"语文"科，从此"语文"这一学科名称一直沿用至今。中国语文教育从传统教育中分化出来并单独设科，发展到今天历时百余年。以单独设科为起点，至 1949 年中华人民共和国成立，是中国近代语文教育期，这一时期的语文课是"中国文学"；从 1949 年中华人民共和国成立至今，是现代语文教育期。语文教育的改革不断进行，经过一个多世纪的发展，语文教育取得了较好的成绩。语文教育的学科本体内涵和学科性质模糊不清，导致语文教育存在许多争议不断的问题，教学理论与教育模式也存在诸多不确定性。这些问题在实际上对语文教育的学科地位与教育效率产生了影响。

对于语文内涵的确定一直存在争议，争议的主要焦点在于，该内涵到底是"语言文学"还是"语言文字"，又或者是"语言文化"。叶圣陶先生在 1962 年举办的"语文学习讲座"上，给出了自己对于"语文"的解释："什么叫语文？平常说的话叫口头语言，写到纸面上叫书面语言。语就是口头语言，文就是书面语。把口头语言与书面语言连在一起说，就叫语文。"[1] 根据叶圣陶先生的解释，语言与"书面语"的含义具有一致性，按照这个说法，语文教育和语言教育是一致的。但是，这种说法与现实的语文教育内容存在偏差，因为现实的语文教育内容

---

[1] 唐远苏."语文"是什么 [J].语文学刊，2000（3）：48-49.

是以文学文本为载体的。因此，叶圣陶先生并没有从内涵的层面对"语文"作出深度的解释。在解放初期，语文课受到了政治运动的影响，语文课被异化成了政治课。叶圣陶先生表示，"离开了语文科的特点单讲政治，把语文课讲成了政治课。"[①]1956 年，以破除这种局面为目的，文学与汉语进行了分科教学。在 1978 年，语文学界注重对语文"工具性"的提升，也是在这种背景之下，学生的语文能力得到了一定程度的提升。但是随着后来标准化考试的全面开展，语文的"工具性"得到进一步的膨胀，人的情感教育被忽视，语文教育也在相当程度上缺失了人文关怀。在这种背景之下，语文课程的教学效率极为低下，因此对于语文课程的教学改革已经迫在眉睫了，这种教学改革一经提出就得到了广泛的关注。

在民国时期，大学语文教育便已经开展，其开展的时间与中小学语文教育是同步的。新文化运动时期，文言文失去了其传统的主体地位，白话文的浪潮逐渐兴起。在这一时期，从高中到大学，白话文和文言文是必要的课程内容。大学一年级就在课程安排上设立了国文课，这种国文课便是"大学语文"课程的前身。1952 年，苏联的教育模式对中国的影响较大，中国高校开展院系调整，将许多综合性的院校进行拆分，主要按文理科的标准，拆分成单科性学校。在中国发展了四十多年的国文课程也在这种背景之下被取消，而这门国文课程在当时起着重要作用，它在相当大的程度上促进着文理渗透以及科技与文化的融合。高校的专业知识与民族文化的教育，也因大学语文教育的中断而产生严重的脱节。因此当时我国的人才培养受到了严重的影响。

20 世纪 70 年代，高考制度恢复，但是在这个时期我国的大学教育存在严重的重理轻文的现象。大学生的语文能力与素养存在比较严重的不足。针对上述情况，南京大学校长匡亚明教授与华东师范大学徐中玉教授联合倡议，"大学语文"课程要在各大高校重新开设。这个提议一经提出便得到了数十所大学的认同。随后教育部批准重新开设"大学语文"课程，停滞了将近三十年的"大学语文"课程得以恢复。在这个时期，各大高校开设大学语文课程以弥补理工科学生的人文知识的不足为目的，充分发挥了大学语文的工具性课程属性，提高这些学生的阅读、理解以及表达能力，最终目的还是服务于专业课程。随后，中国改革逐渐兴

---

① 彭书雄．大学语文教育改革的理论与实践 [M]．武汉：崇文书局，2007：12．

起，社会经历了方方面面的转型，在这种背景之下，学生的文化素质的缺失成了比较严重的问题。

20世纪90年代中期，中央颁布了《中共中央、国务院关于深化教育改革全面推进素质教育的决定》文件，对提高"素质教育"提出了新的要求。在中央的号召之下，全国掀起了大学语文课程的开设浪潮，许多学校将大学语文课程作为主干课程来实施文化素质教育。据统计，当时全国高校有2 525所，其中有1/3的学校开设了大学语文课程，全国有近10 000名大学语文教师，每年有150万的学生接受大学语文教育①。20世纪末，中国语文教育得到了许多语言学家、文学理论学家、著名作家的重视，他们充分参与大学语文教育，并作出了卓越的贡献。这些专家包括钱理群、温儒敏、童庆炳、王蒙、刘心武、施蛰存，等等。这些学识渊博、德高望重的文化名师，有的提出语文教育改革的建议，有的深入大学语文课程的课堂之中，一起推动着大学语文教育的发展与进步。

第二节　大学语文教材变迁

1904年1月，清政府发布了"癸卯学制"，这是我国近代第一个正式颁布施行的新式学制。"癸卯学制"钦定的大学预科和大学"随意科目"的教材是京师大学堂教授林传甲（1877—1922年）编写的《中国文学史》。这是他为"分类科"学生补讲"公共科"的"中国文学课程"编写的教科书。林传甲是根据自己的文学史观并仿照日本的写法编写的文学史，但从它的实际内容和今天的语文观来看，可以认定它是一本语文教材。教材分十六篇，从文字训诂、音韵辞章到各朝代文体。但从全国来看，这门课程当时并无统一的教材，教师各编各的。北方的大学比较开放，大一国文除了文言文，还有一些白话文，甚至外国文学作品。南方大学比较保守，多选学术性文章，后来白话文章才多起来。

1929年，民国政府学制正式规定大学国文为大学一年级必修课。这一时期的教材有两种：一是《燕京大学国文名著选读》（1935年），共四册，"本编分选学

---

① 彭书雄．大学语文教育改革的理论与实践[M].武汉：崇文书局，2007：13.

术论著、文学史国学常识之文，及与各系特有关系之作而为中学所未及者"，① 教材内容极其丰富，是按文学史顺序编排的文选体例；二是《燕京大学近代文编》（1939 年），共二册，是燕京大学为大一新生学习国文而编纂的近代文学选集，其选文宗旨在于反映时代潮流的同时又兼顾文体的实用性，故其所选文章的文体十分丰富，包括日记、笔记、传记、叙记等十二类，作者是胡适、刘师培、梁启超、王国维、李大钊等。1942 年，沈启无编、新民印书馆印的《大学国文》（上下两册），多选记叙类实用文体，按内容分为十组，包括风土民俗、笔记小说、记游、日记书信尺牍、序跋题记、传记墓志、纪念、读书札记、楚辞小赋。选材的用意很明显，即培养学生的语文实用能力。"大学国文教材，各类文章皆须有以选录，以彰明体宜，昭示范模。凡大学生无论法科商科理科工科医科农科，对于各类文章之体宜，不可不知也。②"这也符合这门课最初规定的"练习各体文字"的规定。

1940 年夏，民国教育部大学用书编辑委员会推选魏建功、朱自清、黎锦熙、卢前、伍叔傥、王焕镳六位资深专家负责编选的大学国文教材，历时两年完成。此后各公私立大学一律遵用。据此选目编辑的《大学国文选》是我国最早的一部统编大学语文教材。选文基本目标为"了解""发表""欣赏""修养"四个方面：在"了解"方面，养成阅读古今专科书籍之能力；在"发表"方面，能作通顺而无不合文法之文字；在"欣赏"方面，能欣赏本国古今文学之代表作品；在"修养"方面，培养高尚人格，发扬民族精神，并养成爱国家、爱民族、爱人类之观念。选文的标准是：酌量避免与中学重复；生人不录；时代后排；文体后分；四部不论。这部教材的教学内容与强调"立本"的教育理念紧密联系在一起，选文失之过深，实际教学很难操作，并没有得到广泛认可。西南联大时期的"大一国文"是各系共同的必修课程。文言文部分突出地选了《论语》，还有李清照的《金石录后序》。语体文部分有鲁迅的《示众》、徐志摩的《我所知道的康桥》、丁西林的《压迫》（独幕剧）、林徽因的《窗子以外》、胡适的《文学改良刍议》。这本大一国文教材和同期的"部定"大学国文教材相比，不但选入了语体文，而且内容也更具革命倾向。

这一时期影响比较大的教材当属郭绍虞专为燕京大学一年级选编的《近代文

---

① 邵子华. 大学语文教育学 [M]. 北京：人民文学出版社，2016：150.
② 高亨. 大学一年级国文教材之商榷 [J]. 高等教育季刊，1942（4）：58-63.

编》和《学文示例》（开明书店 1939 年、1941 年先后出版）。"《近代文编》以思想训练为主而以技巧训练为辅，《学文示例》以技巧训练为主而以思想训练为辅；《近代文编》侧重在语言文字之训练，《学文示例》侧重在文学之训练"，但这种做法正如郭氏自己所言."技巧与思想原及⸱件事的两方面"，在实际教学中很难断然分开。这种国文课本虽分编为二书，"而二书仍是互相为辅"①。

　　《近代文编》"所选教材，务取明显，以便学生预习，俾增阅读能力；同时又以体式分组，俾与作文取得联系，庶于临文之顷，得有观摩之资。本编既重应用，自以不背现代生活为原则，爰以戊戌变政为中心，辑录同、光以来有关灌输思想讨论学术或研究生活之作，俾于讲习之余，兼收指导人生之效。"选文分日记、笔记、游记、传记、叙记、论说、论评、论辩、题序、书告、论述、疏证凡十二类。所选文体皆为生活中实用之文体，而且切入现实，有很高的思想和学术含量。如论说类选文有《说习》《人生观》《论谈话》《世界观与人生观》《机器与精神》《徐州应建行省议》《拟开清史馆议》等。论评类选文有《国人之公毒》《墨化》《李鸿章绪论》《清代学术概论》《冯著〈中国哲学史〉审查报告》等。《学文示例》一书分为五个大的方面，编者对这五方面的"示例"做了这样的解释：一是评改例，分摘谬、修正二目，其要在去文章之病……二是拟袭例，分模拟、借袭二目，模拟重在规范体貌，借袭重在点窜成言，故又为根据旧作以成新制之例。三是变翻例，分译辞、翻体二目，或移译古语，或骦栝成文，这又是改变旧作以成新制之例。四是申驳例，分续广、驳难二目，续广以申前文未尽之意，驳难以正昔人未惬之见，远又重在立意方面，是补正旧作以成新制之例。五是镕裁例，此则为学文最后功夫，是模拟而异其形迹，出因袭而自生变化，或同一题材而异其结构，或异其题材而合其神情……这又是比较旧作以启迪新知之例②。这种教材非常重视对学生写作能力的训练，偏重文言，又多选自名家，给学生的学习带来不小的难度。

　　华北人民政府教育部教科书编审委员会编的《大学国文》，分"现代文之部"和"文言之部"，分别于 1949 年和 1950 年由新华书店和华北联合出版社出版。对文言部分，叶圣陶在"序"中说："对于入选的文篇，依据我们的目标，定了些

---

①　郭绍虞.大一国文教材之编纂经过与其恉趣 [J].国文月刊，1942（12）：5-11.
②　朱自清.朱自清书评集 [M].苏州：古吴轩出版社，2018：156-157.

标准。有爱国思想的，反对封建迷信的，抱着正义感反抗强权的，主张为群众服务的。就思想方法说，逻辑条理比较完密的，我们才选它。换句话说，那篇东西在那个时代那个环境那些条件之下是有进步性的，我们才选它。"现代文的编选标准是："那些怀旧伤感的，玩物丧志的，叙述身边琐事的，表现个人主义的，以及传播封建法西斯毒素的违反时代精神的作品，一概不取。入选的作品须是提倡为群众服务的，表现群众的生活跟斗争的，充满着向上的精神的，洋溢着健康的情感的。我们注重在文章的思想内容适应新民主主义革命的要求，希望对于读者思想认识的提高有若干帮助。就文章的体裁门类说，散文、杂文、演说、报告、传叙、速写、小说，我们都选了几篇。这些门类是平常接触最多的，所以我们提供了若干范例。[1]"这个教材具有那个时代鲜明的政治性和革命性。

中华人民共和国成立之初，大一国文采用的是郭绍虞、章靳以编的教材。教材内容趋向古代、当代、外国文学三方面的融合；结构依然采用传统的文选体例，但选文多为当时作家、政治家的现代文，内容贴近时代，力图传达一种政治观念，注重对学生的思想教育。这是一个新的社会形态诞生后对语文教育必然的要求。

1952年高校院系调整后，除港台地区之外，我国大学语文课程不再开设，从此中断了三十年。

20世纪80年代，恢复开设大学语文课程。学生的语文能力特别是一些理工科学生的写作能力普遍欠缺，人们希望用大学语文课来弥补学生语文知识和能力的欠缺，提高大学生的写作水平，以适应建设社会主义"四个现代化"的需要。教材大多沿袭传统中学教材的分类体例，按记叙、议论、说明等不同文体进行范文的编排。这个时期的大学语文教材有文选阅读和写作训练两个部分。这种类型的教材延续了很长时间。农村读物出版社出版的《文学鉴赏与写作》是当时北方工业大学、中国人民公安大学等八个院校大学语文课共同使用的教材，它"以高层次地提高学生阅读、鉴赏和写作能力为宗旨"，分为"文学鉴赏导读""例文""实用文体写作"。汕头大学出版社出版的《新编大学语文》专门开辟两章介绍学术论文写作和大学生求职文书的写作，力图对学生的写作进行规范化的训练。

20世纪90年代以后，随着对大学语文定位思考的深入，更因为社会形态的急剧转型，市场经济和商品消费成了社会的中心议题。这种情形让人们意识到人

---

[1] 叶圣陶.叶圣陶谈阅读[M].南京：江苏人民出版社，2020：25.

文精神的重要价值，希望大学语文课能够担负起人文教育的重任。在教学目标上开始着眼于推进通识教育，提高大学生的艺术修养和文化品位，教学中更关注增强学生的文学修养和文化知识的系统性，强调对作品艺术价值的挖掘。这种思潮反映到语文教材的编写上就是大量选取文学作品而减少或取消写作的内容。其编排大多以文学史为线索，每一阶段选诗、文、词或杂剧、散曲、小说若干，按照作家生卒先后排列，再选现当代文学、外国文学选文若干，每篇选文都附以题解、注释、提示或赏析短文、思考与练习题。后来一些教材在每一朝代前撰"文学史概述"一章，在每一单元或作品之后增加集评或汇评文字，以便学生了解文学史的发展脉络。代表性的如徐中玉主编的《大学语文》（修订四版）等。

20 世纪以后，基础教育课程改革的新理念对大学语文产生了影响，随着大学文化素质教育的全面推行、肯定传统文化价值和重建人文精神问题的提出，教学重点转向从价值维度提升学生的综合素质与思想情操。大学语文教材的编写者意识到，既然这门课主要的任务是培养大学生的人文精神，再按照时间的顺序编排教学材料就未必合适，应该遵照精神生命的成长规律来组织材料，各种探索相继出现，原来出版的一些产生了影响的教材也做了比较大的改编。此时的教材以大学生的"精神成人"亦即思想情感和价值观的熏陶培育及精神品格的塑造为切入点，按思想主题或题材组织编排。如徐中玉主编的《大学语文》（增订本）里，把选入的文章，除中外小说创作之外，根据题材及主旨大体而又较细地分成十类，即品格·胸怀、怀古·咏史、写景·记游、论文·品艺等。

近年来，以如何提高大学生语文素养为目的的探索和尝试，是大学语文课程体系建设进一步深化的表现。代表性教材有魏饴主编的《大学语文新编》和陈洪主编的《大学语文》。魏本分"阅读能力培养""书面表达能力培养"和"口头表达能力培养"三编，并与以文选为主的传统教学方式紧密结合，是一种非常可喜的探索，不足之处是培养学生语文能力的落脚点与基础教育较为接近。陈本《大学语文》提出"好文章"的编选理念，在大学语文教学内容的发展历史上具有划时代的意义。大学语文课程教材编写和课堂讲授的内容主体，"应该是选择具代表性的各个时期、各种类型、各种文体的经典的或优秀的汉语文本……由教师对这些文体上的例文，做出示范式的鉴赏分析，引领学生在潜移默化中体会什么是好文章，什么是某类文体的高标准，对文章和文体形成要领及语言美感，有所理解、体认和感悟，从而达到使学生具备高级语文能力和语文修养的目的"①。大学语文重在为大学生传授经典母语文化，使学生懂得什么是母语的精髓、我们民族千百年来传承下来的语言文字的精妙之处何在、如何借鉴和传承等，这是很有意义的。

还有的在教材中加大了我国传统文化知识和汉语知识的比重，有的把大学语文改为高等汉语或高等母语等。在全球一体化快速推进的过程中，发达国家的文化凭借科技经济的优势大量进入，不少人痛感民族文化遭受侵蚀，于是坚守文化传统，捍卫汉语的纯洁。这对大学语文教学来说更是分内之事。《高等语文》采用分专题的方式讲授语文知识，包括文化史、文学史等方面的知识，并引导学生阅读、思考和写作。《高等语文》共二十五讲，每讲分概述、文选、研读材料三部分。如第一讲，先是"《诗经》与中国诗歌的起源"（概述）、六篇《诗经》作品（文选）、朱自清《关于〈诗经〉》（研读材料）。"研读材料"不仅仅包括名家论文，也包括与本专题有关的一些作品（应称为"泛读作品"）以及作家生平材料。如"魏晋风度与魏晋文学"（第八讲），"研读材料"中即编入《七哀诗》《洛神赋》等。"教材范围拓展了许多，除了文学还有历史、哲学、自然科学等方面。例如，选了《易经》《孙子兵法》、乾嘉学派、《九章算术》等方面的文字，既可以学习语文，又可以涉猎相关的知识，从而引起学生对中国文化的兴趣。②"全书共选入指导论文近七十篇、文选作品近八十篇，近六十万字。我们很容易看出来，这实际上是一种研究意义上的传统文化读本。

从大学语文教材的内部组织结构来看，基本由以下几大要素构成。一是文选要素。所选范文内容广泛、题材多样，古今中外无所不及，涉及哲学、政治、经济、文化、文学、美学、历史、地理、军事等社会科学和自然科学多方面内容，主要是为教学提供语文资源，是学生语文能力训练的凭借与范文。二是知识要素。大学语文知识范围是在中小学语文知识基础上的巩固与提升，虽无明确的界定，但字、词、句、篇、语（法）、修（辞）、逻（辑）、文等各类知识分散在各个单元或文章之中，其中语言知识、文学知识、文化知识和方法论知识的凸显更为明显，其作用在于开阔学生的视野，培养语文能力，指导阅读与写作。三是提示要素。

① 李瑞山.论大学语文的课程方向与内容构建 [J].中国大学教学，2007（6）：62-65.
② 王步高.试论当代国文教育的历史责任 [J].中国大学教学，2017（6）：43-45；62.

大学语文教材编写中有"前言""导语""说明""提示"等，目的在于揭示教材编写的意图，帮助学生明确教材的重点，了解教材的主要内容与结构，激发学生学习的激情和兴趣，提高学生自主学习的自觉性。四是实践要素。语文教育的实践内容集中在听、说、读、写能力方面，教材将其训练内容按照循序渐进的原则分解为各种训练重点有序编排。另外，为培养学生发现问题和解决问题的能力，实践项目中还增加了结合现实生活和跨学科的综合性实践，一般是以课题的形式提出，并提供相关资料与方法，组织学生讨论、研究，并自主解决问题，然后相互交流、形成成果，培养学生的探索精神。

大学语文教材是学生学习的蓝本，是教师教学的主要依据，也是师生共同开展语文活动必不可少的工具，语文教材的有效运用，有助于学生健全人格、培养高尚情操、树立正确的价值观、形成较强的语文能力。其功能主要体现在以下几个方面。一是丰富语言功能。学生的语言习得主要靠阅读与实践，而阅读是语言积累的主渠道。大学语文选文中有大量优秀经典作品，其思想深刻、含义丰富、文辞优美，都是经过千锤百炼的语言瑰宝，充满无限生命活力，因此阅读对学生语言积累与表达能力提升有很大帮助。二是提高能力功能。语文教学通过教材传递文化帮助学生培养能力、养成习惯、涵养思想和陶冶情操，从而使其得到听、说、读、写能力的提升，这依赖于语文教材提供的丰富多彩的课文内容，借助于教师因材施教的有效引导，取决于学生主体能动作用的发挥。总之，教材提供的客观对象与师生主体意识的相互作用是语文能力获得的必备条件。三是拓展知识功能。语文教材的丰富性体现在所选文章的多题材、多主题、多学科上，涵盖了社会科学和自然科学多方面的知识，从某种角度说，大学语文教材堪称社会学科中的"百科全书"，而且内容的丰富性综合性、语言的形象性生动性，都会对学生形成强大的感染力与震撼力。四是涵养德智功能。语文教材都是语言作品，而且这些古今中外的经典作品的观察之精细、分析之精辟、想象之奇特、联想之丰富、表达之精确是其他文章所不能相比的。学生通过认真阅读、感同身受，智力能得到启迪、品德会受到涵养。教学能促进人的智慧与生命的发展，具有丰富文化与民族精神的语文教材，对学生的思想品德、情感意志、个性心理的发展更是会起到潜移默化的熏陶感染作用。同时具有经典语言的文学作品是作家聪明智慧和创新思维的体现，是开启学生智慧大门的一把钥匙。

第三节 大学语文教学现状

一、大学语文教学的原则

（一）大力弘扬人文精神的原则

现代社会要求公民具备良好的人文素养，具备创新精神。语文是重要的交际工具，是人类文化的重要组成部分。所以语文课应当而且能够承担起这项任务。

"语言"和"思想"是不可分离的一个生命实体。语文"工具"是指思维的工具、交流思想感情的工具，语文工具的运用是生命中最具人的特性的部分。语文和思想的关系如同舞蹈演员的形体与舞蹈艺术的关系。从语文的运用上看，阅读绝不仅仅是解词识字，其核心是通过语言来理解作品的内容、体验作者的感情、了解作者的思想，以提高我们的认知水平。作文也绝不仅是做个文字搬运工，而是运用语言把我们的思想感情表达出来，作文的过程是一个富有条理而且深刻有致的认识过程。听和说也一样，是借助有声语言来传递信息。再从语文教材来看，教材主要是由文质兼美的范文组成的。它们并不仅仅是一般的符号，其蕴藏着巨大的信息量。从个体上说，它们是作者认知的记录和思想的成果；从整体上说，它们是民族文化无所不包、无所不至的体现。这种文化既是我们成长的沃土，也是我们要传承的血脉。

人文精神是一个流动开放的价值系统。在我国古代，它表现为一种道德理想主义，人们崇尚的是伦理层面的自我完善、追求中和仁爱的心理状态。西方近代推崇以科学和理性为核心的人文精神，这种精神极大地加速了人类物质文明的进程。到现代，在世界范围内人本主义又被提倡。三者各有长短，可以互补。

语文课堂上的人文精神，表现为自由的求真精神、自觉的发展意识和超越的价值意志。一个人应该具有独立自由的人格和求真的渴望，这既是生命的价值基础，也是社会进步的动力。自觉地发展意识是个人觉醒的标志，这意味着一种切实的负责和承担，生命会因此而沉实厚重。超越是在积极入世基础上的超越，没有入世也就无所谓超越。入世就要自始至终热情地关注现实的人的生存状况，就不得不贴近现实。超越表现为对个人和社会理想状态的永恒的追求，这种追求应内化为一种价值意志。"人文"还意味着一种特殊的认识方法，这种方法不同于自然科学的实证方法，是一种以主体的体验、理解为基础的认识自然、社会和人生的方法。而"人文"的方法正是语文学习的重要方法。

弘扬人文精神，反映在教学方法上，就是通过大量优秀义学作品的阅读与分析，引导学生进行积极的自我评价，以此激发学生的思维能力。思维发展的重要之处在于必须依靠每个人自己的努力、发挥自己的才智针对课文的刺激组织相应的反应。教师的任务就是促使良好的相互作用形成，或更确切地说，是引导具体阅读者对具体作品产生交流。

（二）努力提高学生认知水平的原则

从静态角度来说，语文无非是人们认识自然、认识社会和人生的成果；从动态角度来说，语文就是这些认识的具体过程。从根本上决定语文水平高低的是人的认知水平。提高学生的认知能力和认知水平，是语文教学的重要目标。

对课堂语文教学来说，认知水平表现在三个方面：一是识字解词求意的能力；二是对作者已经认知的对象感受批判再认识的能力，以及对作者的思维特征——表现为表达的艺术方法的领悟、认同和鉴赏的能力；三是对自然、社会和人生的观察和思考的能力。正所谓"世事洞明皆学问，人情练达即文章"。认知水平提高了，人才能是明白人，明白人读书做事才能不糊涂、不肤浅。

如果说解决问题是一种才干，那么发现问题则是一种智慧。教师应鼓励学生多问。发现问题是一个思维过程的起点，因而提出一个问题往往比解决一个问题还重要。学生在发现并提出高质量的问题的同时，必然伴随着分析综合、比较归纳、演绎推理等一系列思维活动。语文课堂上，教师更应该善于发问，通过问来引导、推动学生的思维向纵深发展。

（三）积极打通对话渠道的原则

语文教育应当对学生主体性的构建加以重视。主体性是指强烈的自我意识、自由的人格、高度的创造力，总而言之，是指充分挖掘人能够意识到的潜能。知识的来源是主体与客体之间的相互作用，是主体作用于客体的活动。"思想即含义的诞生，并不是在某一意识内部，而是在两个意识的交汇点上。真知灼见不是在某一个头脑里飘忽而至，而是两个头脑的接触中撞出火花，谁的大脑也不能觊觇独自分泌出思想和真理来。^①"这里的"两个头脑"不仅是两种观点，也是两种异质的材料，只有把这些全都放在一个头脑之中，思想才会产生。

语文教学的"对话"，是学生与学习材料的交流，他们两方分别作为学习主体与学习客体进行碰撞，从而对学生这个学习主体产生新的意义。语文之所以真正成为言语活动，正是因为这种"对话"的存在。语文课程对话有许多参与者，教师、学生、教材编写者、课文等，同时还有潜藏在这些因素背后的自然、人生、社会。"对话"从根本上说是学生与整个世界的交流。课文、教师分别担任"对话"过程的枢纽与桥梁。教师与学生的对话交流过程中，教师充分开发学生的思维，调动学生的学习积极性，整体上起到启发与引导的作用。学生承担追问意义和获取意义的任务。因此，教师灌输知识、提供现成结论的行为都是不可取的。

在教师与课文编写者的对话过程中，不仅要将课文教材中所蕴含的文化价值作为考察的对象，而且要对文化价值思维的路径与方法给予绝对的重视。这两方面对于学生来说有着重要的教育意义。

课堂对话的主体是学生和课文及教材编写者。学生与课文的对话归根结底是学生与课文作者的对话，是"两个头脑在接触中撞击出火花"。学生与教材编写者的对话是一种非常隐秘的对话，这种对话的表现是一种文化的选择。在这个对话过程中，教师扮演着重要的角色。而在学生内部，学生之间的对话是起着相互激发作用的对话。学生之间的对话与学生和老师之间的对话相比，前者更注重反思性功能，后者更注重导向性功能。

向主体提供的不断的刺激来源于不断的对话活动，这种刺激可以为主体输送思想的动力与材料。不同对话主体之间进行交流，多重对话进行碰撞，在这个过程中不同对话主体之间相互促进，不断进入新的精神境界。

二、大学语文教学模式

随着现代科技的快速进步与教学改革的不断深入，无论是中小学还是高等院校，教学模式不断翻新，层出不穷，各显神通。大学语文课程在教学中属于人文素质类课程，对培养学生综合素养有一定的作用，但部分高校对这一内容的重

---

① 白春仁.巴赫金——求索对话思维[J].文学评论，1998（5）：101-109.

视程度不高，将教学重点放在专业课程上，导致语文课时不够。例如，部分院校虽然将语文设为必修课程，但仅设置了 36 课时，而为英语课程设置了 200 课时，课程之间的课时比重严重失衡，学生在这一环境下学习，对中华文化的重视程度不断降低，严重影响教学质量、教学效率。另外，语文教材具有一定的完整性，36 课时难以全部完成教学任务，学生难以形成语文综合能力。大学生虽然具有一定的语文基础，教师在大学阶段能够提高语文教学效率，但由于大学使用统一教材进行教学，不同专业的学生的学习需求不同，统一的教学内容难以满足学生个性化学习需求，客观上限制了学生多样化发展以及独立精神的树立，难以促进学生创新能力的培养。因此，改革教学方法、创新教学模式几乎成为高校语文教师共同的呼声，因而他们也在不断探索更加适应新时期全面人才培养的大学语文教学模式。

有的教师在进行语文教学时，为了能够使学生养成自主学习的习惯，应用先进科技与文本内容结合的教学模式，教师在备课时先按照教学进度设计教学形式，并构建网络学习平台，将教学课件上传到平台上，学生能够在课前、课后根据自身学习情况选择学习内容，这种教学模式有助于提高学生的语文综合能力。教师能够了解学生的实际学习情况，通过视频点击量了解学生学习中存在的问题，学生也能够随时随地学习语文课程。在授课时，教师能够将学生存在问题的内容作为重点，带领学生进行学习，发挥出网络设备的优势，推动学生进一步提高语文综合能力。

有的教师在开展语文教学工作时，针对部分学生学习积极性不高的现状，实施互助教学模式，引导学生自主学习，并按照学生的兴趣爱好设计教学形式，加强听、说、读、写训练。例如，部分高校为了满足教学改革的需求，采用高校间相互合作的方式共同探讨有效教学模式，取长补短，促进语文教育工作进一步发展。随着教学改革工作的不断推进，教师对教学的重视程度得到进一步提高，更新了教学理念，并按照学生为主体的理念进行教学，针对学生的学习现状、学习需求进行教学，充分发挥出教师的主导性与学生的主体性作用，进一步提高了学生的综合能力。

有的教师实施绿色语文教学行动，把语文教学与生活实际紧密结合起来，充分体现了语文的实用性特征。语文课程与生活实际息息相关，在教学的过程中，为了提高学生的理解程度，教师可带领学生体验生活，通过读书会、演讲比赛、文学社团、创作笔会、调查采访、才艺展示等形式把教学内容与实践训练有机结合，引导学生寻找生活中存在的文学现象，避免由于教学内容过于理论化而降低学生的学习兴趣，达到提高教学质量的目的。为了解学生的真实语文学习情况，教师在一个阶段的教学工作结束之后，应进行必要的语文综合能力考查工作，为之后的教学内容设计提供可靠依据，加强教学的针对性与时效性。

有的教师在教学中以学生为中心开展民主教学，教师当导演，学生是主角。授课之前，先设计好话题，组织学生开展深入讨论，鼓励学生勇于发表自己的不同意见，不怕说错、敢讲真话，不怕出丑、敢于亮相。教师参与讨论，师生之间相互辩论、畅所欲言，形成一种民主和谐的学习氛围。这对青年学生而言能养成良好的学风，培养进取精神，不断拓宽自己的认识范围，提高思维能力与表达能力。

由于目前我国大学语文教材版本过多，高校之间的教学针对对象存在差异，进而应用的教学模式各不相同，部分教师在设计教学模式时，没有从学生实际出发，随意性较大，加之部分教材中选文质量不高，教材内容难以满足学生的学习需求，降低了教学有效性，影响学生综合能力的提升。在信息技术不断发展的背景下，学生对外国文化很感兴趣，个别教师为了迎合学生兴趣，在语文教学中引入了大量的西方文化，导致学生对传统文化的学习失去信心，这些都是教学改革中不可回避的问题。因此，在进行教学模式设计时，教师需根据学生实际有针对性地设计教学内容，以满足个别化学习需求。部分教师为活跃课堂氛围，将学生分为若干研究性学习小组，并根据小组成员的爱好布置研究作业。例如，教师为喜欢看网络书籍的小组布置名作赏析作业，为喜欢古代汉语言文学的学生布置古代小说戏曲赏析的作业，这样的个性化多元教学模式，不仅能够提高课堂活跃度，还能提升学生的语文综合能力。

在信息时代背景下，为了进一步提高语文教学的有效性，教师需要与学生构建良好的关系，走进学生的心里，为学生提供全方位的生活、学习帮助和指导，转变教学理念，提高自身语文教学综合能力，形成具有时代发展特点的创新型教学模式，推动教学工作进一步发展。但在这一过程中，教师需要了解学生的兴趣爱好，并构建完善的教学环境，以因材施教为原则开展教学工作，发挥出大学语文教学的意义。另外，由于大学语文课程为集体课，教师为了满足大部分学生的学习需求，按照学生综合能力设计教学内容，但由于学生语文综合能力参差不齐，部分学生产生厌倦感或不能完全理解教材内容，为了改变这一现状，教师需要在设计教学模式时，体现出阶梯式教学内容，使学生各有所获，真正做到因材施教。

大学阶段的语文教学对学生的思维能力发展有一定的影响，但语文学习需要循序渐进地进行，学生在学习时单纯地吸收语文知识难以提高语文综合能力。受到应试教育的影响，我国大部分大学语文教学模式类似，教师作为课堂主体，学生被动地接受教师讲解的知识，缺乏自主思考的时间，这样的教学方法导致学生无法形成完善的语文思维，限制了学生思维的发展。所以，在教学改革的背景下，教师在设计教学模式时，要以学生为课堂主体，带领学生开展教学活动，引导学生自主思考语文内容，提高学生的探究学习能力。此外，在教学中，教师可以带领学生对课程相关问题进行研究，为学生布置自主探究任务，使学生形成研究性学习习惯，培养学生的创造思维能力，提升学生的课堂参与兴趣，优化语文教学质量。

在探究大学语文教学模式时，由于高校之间对语文教学的重视程度存在差异，使用的教学方法各不相同，教学对象也有差异，因此教学模式的改变与教学方法的运用是一个历久弥新的课题，遵循教育规律、执行教学大纲、符合客观实际的教学模式探究工作在大学语文教育教学改革与实践中还需不断完善。不管怎样变革，就大学语文课堂教学而言，还应该遵循以下几个原则。第一，弘扬人文精神的原则。大学语文教学的目标之一就是提高学生的人文素养，通过丰富多彩的语文学习，使学生的思想品德、情感意志、人格心理得到全面发展，使生命价值更具意义。第二，提高认知水平的原则。第三，加强语言历练的原则。学习是一个循环往复、心灵不断觉悟的过程。教学的成功不在于结果如何，而在于过程体验，学生全身心投入学习，认识不断加深，思维逐渐灵敏，人格不断完善，实际上就是世界观的形成过程与生命成熟的过程。第四，打通对话的渠道。随着时代的进步与科技的发展，教育的方式已经发生了根本性变化。"翻转课堂"的出现已经宣告学生再也不是被动的知识接受者，尤其是大学语文教学，更加注重对话的重要性。实际上教学过程就是一个系统的对话过程，包括师生与教材的对话、师生之间的对话、学生之间的对话、主体与客体的对话等。只有打通对话渠道，才能收到事半功倍的教学效果。第五，激发创造热情的原则。教育的真正意义不在于学生知识掌握的多少，而在于创造力的培养。创造力分为特殊创造力和自我实践能力，前者多指科学家、发明家、作家、艺术家等具有的创造力，他们能创造出前所未有的事物来；后者旨在开发人的可能性，是自我潜在能力意义上的创造，这样的创造成果可能并不一定是人类的新发现，但它对创造者自身的生命成长来说是前所未有的。教育重在后者，人们不断要求教育把所有人类意识的一切创造潜能都释放出来。

三、大学语文教学存在的普遍问题

高校开展语文教学工作，能够提高学生的语文综合能力，并且使学生认识到语文能力是一个人的工作能力和创造能力的重要体现，从而产生自觉学习语文的需求感，并能够根据教学进度进行自主学习，形成良好的语文综合能力。但由于人们对大学语文在学科建设中的地位与作用认识不够，导致学生对大学语文教育的认知程度低，加之部分高校教师的语文教学能力不强，将教学重点放在"教"上，忽视了学生的"学"与"能"，导致学生把语文学习当成凑学分的"配料"。学生进入社会后，语文综合能力不强，说不好话、写不好字、做不好文章的现象并不少见。在教学改革不断推进的背景下，大学语文教学形式、教学方法都在不断改进，但个别高校没有定期开展教师培训工作，或者教师培训工作流于形式，导致教师对优秀教学方法的了解程度不高，难以应用合适的教学方法开展教学活动，学生的综合能力也没有得到提高。甚至在教学中，由于个别教师的专业知识不足，使用错误的方法进行教学，导致学生学习到的知识不准确，难以提高学生的语文成绩。

在开展大学语文教学过程中，部分高校普遍存在教学形式单一的问题，不少教师习惯于讲述式教学，这种传统的教学方法由于教学形式过于枯燥，学生缺乏学习兴趣，语文综合能力很难提高。为了能够进一步提高学生的语文综合素养，教师需要选择合适的教学方法，培养学生的语文认知力、思维力与审美力，加强学生语言文字的实践锻炼，将课堂教学与生活实际相联系，找准突破口，对症下药、有的放矢，方能收到实际效果。另外，个别教师在教学的过程中，引入了大量的西方文本，减少了学生对本民族语言文学的学习，导致学生对传统文化的了解程度不高，难以进一步提高语文综合能力。还有个别教师没有设计教学活动，导致教学内容缺乏完整性，学生难以完全理解课程内容，没有达到提高语文综合能力的目的，降低了大学语文教学的有效性。

部分学生在高中阶段存在偏科现象，对语文学习兴趣、重视程度不高，甚至个别学生在语文课堂中学习理科内容，导致其语文基础能力不强。此外，大学阶段的语文知识难度较大，学生在学习时感觉较为费力，一些学生在努力学习之后成绩也没有得到提高，因此降低了学习兴趣。如果教师在教学中如果忽视了学生的实际水平而盲目施教的话，势必造成资源的浪费，甚至费力不讨好。还有个别大学受到地理位置的影响，经济条件落后，难以吸引到优秀教师，导致这一地区的教学资源严重缺失，影响语文教学水平的提高。加之有个别教师专业知识不足，在实际的教学中方法使用不当、知识传授不准确，影响了学生的语文综合能力的提升。所以，大学语文教师自身语文素养的提高问题亟待解决。

教学氛围能够影响学生的学习积极性，但个别教师在教学时没有按照以人为本的理念进行教学，内容单调、形式简单、方法陈旧，课堂气氛不活跃，导致教学工作缺乏有效性。另外，语文学科具有实践性特点，但个别教师在教学时没有将教学进行延伸，甚至没有对学生进行学习指导，导致书本知识与实践环节严重脱节，这样的教学即使学生能在考试中得高分也许在实际工作中还是束手无策。

大学语文教学的主要目的是提高学生的文学素养和语言综合运用能力，尤其是对非语文专业的学生而言。但由于教学内容和教学形式有趣性不高、针对性不强、目的性不明，在语文课程授课时，教师没有提前为学生梳理教学内容，随意性较大，导致学生在课堂上始终找不到目标，难以选择性地听教师讲解，这也是大学语文课程教学效率不高的原因之一。

大学语文教学重在效果的检验，在教学任务完成之后，教师需要了解学生的学习情况，以检验教学效果。但目前大学评价教学质量的手段比较单一，主要的手段还是考试，缺乏进行语文综合能力评价的体系与方法。部分教师只根据考试成绩对学生进行评价，没有对学生的学习态度、学习能力、适应社会能力等综合因素进行分析，无法了解学生在语文学习中的优缺点。甚至部分教师在对学生进行评价之后，没有针对学生学习中的缺陷进行原因查找和及时纠正，也没有设计不同难度的课件，无法满足学生个性化学习需要，难以促进高校语文教学进一步发展。改变教学观念落后、教法单调陈旧的问题还任重道远，提高学生的语文综合素养需要新思维、新举措。

人们的学习行为源于学习需求与兴趣，大学语文课程内容形式较多，但部分文本内容无法满足学生学习的多样化需求，教材的改革与教学内容的更新需与时俱进、勇往直前、永不停步，承担这一重任的专业人才与主讲教师责任重大，不可懈怠。

综上所述，大学语文教学中学科定位不准、主体对象不明、教学方式单调、师资队伍不稳、学生兴趣不高等普遍问题一直存在，原因是多方面的，既与教育观念较为落后有关，又与学科性质模糊、学科定位不清有关，更为重要的是教材内容的陈旧与教学方式方法的不适应等问题。而大学语文教育是实施素质教育的重要突破口，无论是教育管理者、教师还是学生都未形成共识。所以教师需要转变教育观念，提升大学语文的学科地位，彻底摒弃传统的记忆型、接受式教学法，针对不同对象扬长避短、因材施教，实施以自主学习为精神指导的多项互动创新教学模式，推动大学语文教学工作进一步发展。另外，高校为了进一步提高教学效率、发挥语文教学的意义、提高学生的综合能力，需要应用先进技术合理设计教学形式，为学生创建良好的学习氛围。

第三章　大学语文教育与传统文化

本章主要介绍了传统文化、传统文化融入大学语文的重要性与必要性、传统文化融入大学语文的思路创新。传统文化是一个国家、一个民族传承和发展的根本，本章从这一角度，探索了大学语文和传统文化相融的策略。

第一节　传统文化概述

世界文化丰富多彩，中国传统文化是其重要的一部分。要想更好地认识中国传统文化，必须正确地认识中国传统文化在当今世界中的地位、作用及发展前景：中国传统文化在当今世界中的地位举足轻重、不容忽视；中国传统文化在当今世界中的作用如鼎之重；中国传统文化在当今世界中的发展前景一片光明。

一、中国传统文化的主要内涵

（一）和合文化

"和合"有多重含义，如融合、包容、和平、和谐等。"和合"在中国传统文化中像一条贯穿的主线，中国文化诸如包容性、和谐性等特点都与"和合"理念有关。我国的国学大师汤一介先生认为，追求"普遍和谐"是中国传统文化最显著的特点。"普遍和谐"的观念在儒释道三家的思想中都有深刻的体现，从四个方面比较全面地归纳了中华文化的本质，分别为人与自然的和谐、自然的和谐、人与人的和谐、人自己身心内外的和谐。在儒家的观念中，"和谐"以"自我身心内外的和谐"为起点，以提升自我道德修养的方式达到自我身心的和谐，从而实现人与人的和谐，再进一步实现人类社会的和谐，最终达到人与自然和谐。只有人与自然和谐了，自然本身的和谐才不会被破坏。

"合"与"和"是相通的，所谓"合"，是指人在运动的时候全身上下能够协调一致，各个肢体之间的动作恰到好处，即"中和"。汤一介先生指出，中国哲学的精华是"天人合一""知行合一""情景合一"，这三者对应着具有普遍意义的真、善、美三个价值。中国传统哲学是康德式的"真—善—美"，而儒家思想将阐释"天人合一"作为第一要务。中国人的思维方式是一种整体性的思维方式，这种思维方式强调"合"的观念，对共性、集体主义尤为强调。这与西方文化存在比较明显的差别，西方文化的源头是古希腊的思想观念，继承的是柏拉图、亚里士多德等人"分"的思维方式。无论是柏拉图将宇宙分为现实世界与理念世界，还是后期康德对于"现象界"和"物自体"的区分，西方世界中的主导思维始终是"分"的观念，是强调个人权力的至高无上。

（二）德性文化

国学大师钱穆曾经指出，中国人的文化精神是一种人文主义的道德精神。"德性"在中国文化中具有至关重要的地位。"天人合一""物我一体"是中国德性文化的前提与基础，而其最终目标是实现人与自然的和谐。西方世界的文化体系中，"智性"是其主要特征，这种文化体系的前提基础是人与自然的对立，而最终目标是实现人对自然的征服。西方人的思维方式是"主客二分"的模式，他们始终要与自然作斗争，追求一种向外的超越。而对于西方人来说，要想实现对自然的征服就必须借助理性的自然科学工具，因此西方人不断追求自然科学的进步，以求更好地改造世界。西方传统文化中人这种动物是具有理性的，或者说人与一般动物的区别在于人具有理性。西方人接受教育、探索知识与真理，归根到底是为了获取这种理性。儒家文化一直处于中国传统文化的主体地位，伦理道德观念是儒家文化的核心观念，孔子认为"天人合德"，人的生存方式是要与天"合德"，以达到"天人合一"的境界。儒家文化注重教化功能，而儒家文化实行教育与教化的最终目的是将人培养成一个有"德"之人。

仲小燕在《论中华传统德性文化》一文中将中华传统德性文化概括为"天人合德"的崇德意识、"厚德载物"的立德思想、"以德修身"的自律主张、"为政以德"的治国方略、"德才兼备"的人才要求和"以德报德"的伦理准则。第一条十分重要，中国人的崇德意识实际上与前文所述的"和合"理念密不可分，要讲和谐，必与人为善。董仲舒说过："夫德莫大于和，而道莫正于中。""德"生于"和"，"和"即"德"。德的最终目标和落脚点就是"和"，道德建设的目标就是追求和谐的价值理想。上至国家的稳定和谐，中至宗族、家庭的团结和睦，下至个人身心的宁静和谐，其实现的途径都是"尊德性"。周公（周文王姬昌第四子）提出，统治者必须"以德配天""敬德保民"，只有有德者才可承受天命，失德就会失去天命。因此，统治者必须恭行天命，尊崇上天与祖宗的教诲，爱护天下百姓，做有德之君。《朱子家训》云："君之所贵者，仁也。臣之所贵者，忠也。父之所贵者，慈也。子之所贵者，孝也。兄之所贵者，友也。弟之所贵者，恭也。夫之所贵者，和也。妇之所贵者，柔也。事师长贵乎礼也，交朋友贵乎信也。"朱熹对君臣、父子、兄弟、夫妻、师生、朋友之间的伦理道德关系做了全面论述，讲明了每个人在国家、社会、家庭中应尽的道德责任和相应的角色义务，构建了一个相亲和睦的理想图景，是对中国传统德性文化要求极为简洁而恰当的说明。

（三）喜感文化

"喜感文化"是从"和合文化"中派生的文化形式，这种文化注重和谐、追求完美、以和为贵。其含义与"德性文化""和合文化"一脉相承。

人们在整体思维的指导之下，生活中注重崇德向善、以和为贵，这种行为准则的必然结果是皆大欢喜、其乐融融。中国文化的主要脉络是"合—和—喜"，与之相对应的是西方文化中的"分—斗—悲"。西方世界的文化理念是二分理念，这种理念的结果是斗争，而斗争的结果是带有悲剧色彩的。西方人悲剧意识的源头来自亚当和夏娃，他们违背上帝的意志，偷吃了伊甸园中的禁果，最终被赶出了伊甸园。而这种罪孽也传给了他们的后代，成为人类所有罪孽的源头，这便是原罪。

中国的喜感文化在中国的文学作品的结局中体现得比较明显，中国传统的文学作品总会以一种大团圆的结局收尾。即便是中国的悲剧作品也经常会有一个团圆的"尾巴"。《梁山伯与祝英台》的爱情悲剧最后也以一种带有奇幻色彩的"化蝶双飞"来收尾，以使得有情人终成眷属。《窦娥冤》中的结尾也体现了"善有善报，恶有恶报"。中国传统的文学作品中有的悲剧是一种"悲喜剧"，而其中所体现的便是中华民族文化深处存在的乐观主义精神与人文主义关怀。在西方古典悲剧作品中,作者往往通过让代表美好的主人公毁灭与消亡,以达到悲剧效果的目的。西方人的世界中,"残缺"也是一种美的表现,维纳斯的美学意味对于很多中国人来说是难以理解与接受的,正是因为这与中国人所追求的"十全十美"的喜感文化相背离。

二、中国传统文化在当今世界中的地位

一个民族存在的根基是其传统文化。美国文化学者希尔斯(Shils)在《论传统》中说:"传统是新信仰和行动范型的出发点,就是其注脚。"对于希尔斯而言,一个社会的前行的方向与行动准则是文化传统,倘若缺失了这一传统,那么这个社会便难以前行。一个民族在任何传承中都可以塑造民族的文化品质。英国当代学者吉姆·麦克盖根(Jim McGuigan)说:"文化指形成意义的实践和习俗。"[①] 特定的文化形态是建立在特定的文化传统之上的。一个民族的退场往往是因为其文化传统的丧失。

对于人类而言,传统文化是终极"身份证"。人类的文化属性对社会属性具有决定作用。在新文化运动时期,中国社会存在的个性解放的思潮便与中国传统诗学的狂狷品格相关。郭沫若对于屈原的放浪不羁的性格尤为推崇,现实总是对作为社会深层意识形态的传统文化进行折射与回应,而具有高度精神遗传特征的人类,无论如何都不能彻底超越传统文化对其的影响。罗素在 20 世纪初向世人疾呼,"在中国文化中有一些伦理的品质是现代世界极为需要的。"[②] 罗素的呼吁对于人们重新认识中国传统文化具有重要的启发意义。

中国传统文化价值目标集中表现为对"内圣"和"外王"的追求,即成就道德人生和建立道德社会。"修身"和"德治"是其主要的文化价值手段。"礼"是传统文化价值的规则体系。"内圣"指理想的道德人格和道德理性。"外王"指治国平天下的政策战略。在儒家总的价值趋向中,"内圣"是占主导地位的。《大学》非常明确地表达了中国传统文化体系的价值目标和手段,其曰:"大学之道,在明明德,在亲民,在止于至善",又曰:"自天子以至于庶人,壹是皆以修身为本"。

① 毛丽. 大学语文教学与传统文化研究 [M]. 北京:北京工业大学出版社,2020:22.
② 毛丽. 大学语文教学与传统文化研究 [M]. 北京:北京工业大学出版社,2020:23.

《大学》所提出的"修身"旨在达到"内圣"之境,"治国平天下"属广义的"外王"。"内圣"而"外王"的过程就是从"修身"到"德治"的过程,是道德向政治生活扩充的过程。伦理道德政治化是中国传统政治文化的鲜明特点之一。孔子早就说过:"为政以德,譬如北辰,居其所而众星共之。"^① 朱熹更将王道、德行的价值调控作用从政治扩大到历史、生活等广阔领域。他说,"古之圣人致诚心以顺天理,而天下自服,王者之道也",又说,"能行其道,则不必有其位,而固己有其德矣"。这样的人,"用之则为王者之佐,伊尹太公是也;不用则为王者之学孔孟是也"。^② 从中国社会的文化发展历史来看,当"德治"不能发挥作用时,便会辅之以"刑","以刑配德""礼正其始,刑防其失"。"德""刑"两手并用,是中国传统文化价值手段系统的重要特点。中国传统文化也是一种"礼治"文化,"礼"是传统文化价值的规则体系。"礼"规范、约束着人的行为,维护着社会对道德的追求,是"成德""治世"的有力保障。

现代文化以一种畸形的状态进行膨胀与对传统文明的倾覆,是当代社会存在冲突的重要原因。物质文明与精神文明是人类文明的两大形态。对于物质文明与精神文明而言,前者是后者的外在显现,后者是前者的内在含义。从这个角度上说,精神文明对物质文明具有决定作用。人类文明由工具理性与价值传统两大范畴组成。人类生存实践的物质进步与发展,是由工具理性决定的,工具理性是人类物质生产的重要保障;人类的道德情操与社会行为是由价值形态规定的,价值形态是社会与国家和谐、稳定的重要基础。在当今社会,现代文明的工具理性逐渐泛滥,而价值传统作为人类社会行为准则的基础也不再稳固,两者之间的矛盾与失衡可能会造成社会的动荡。

一些具有敏锐视角的西方学者对于现代文明与传统文明的失衡而导致的社会动荡已有一些准备,并且为了找出补救措施,也做出了一些努力。希尔斯在《论传统》中宣称,后现代社会的任务,就是"将某些启蒙传统与启蒙运动后继人试图加以抛弃的某些传统结合起来"。

现代社会在实际上并没有给人类带来应有的满足与和谐。高科技给人类社会

---

① 孔子.论语 [M].长沙:岳麓书社,2018:17.
② 上海文艺出版社.遁世与救世:中国文化名著新评 [M].上海:上海文艺出版社,1991:327.

带来了极大的便利，但是也带来了发展的反差与不平衡。由这种不平衡与反差所引发的持续的利益冲突和强弱对立，进而导致贫富悬殊，最终可能造成紧张的人际关系与社会冲突。重新审视传统文化，从传统文化的价值范畴中去吸取有利于当代社会健康发展的价值精华就显得非常重要与急迫。

世界文化由各个国家独具特色的文化构成。虽然各个国家的文化没有好坏优劣之分，但却有强与弱、主流与非主流、主导与非主导之别。现在，中国的传统文化独领风骚，在世界文化潮流中处于核心地位。而现在全球各民族的传统文化处于"你中有我，我中有你"的和谐状态。

在历史上，各个国家的传统文化在整个世界文化中的地位、强弱由各个国家的传统文化自身在世界中的作用、贡献大小决定。从人类几千年的历史发展来看，一个国家不论大小都对世界文化作出过贡献，这恐怕是一个不争的事实。但另一个事实是，各个国家对世界文明、文化作出的贡献是大小不等的。有的国家对周围的国家产生了较大的影响，而有的国家对周围的国家的影响相对较小。在古代，中国是世界上社会经济发展最好的国家之一，社会经济的发展带来的是中国传统文化的兴盛，此盛况使得各国纷纷向我国学习。可以说中国传统文化在很长一段时间内影响着世界文化的发展。

到了近代，西方各国纷纷进入工业化生产阶段，并早早地完成了工业革命。相比中国传统文化，此时近代工业时期的西方文化更能代表当时世界文化发展的大势。与此同时，中国传统文化在整个亚洲乃至全世界的核心地位受到严重影响。

在现代，伴随着西方世界种种弊端的出现，西方文化在世界上的领先地位开始动摇，不仅如此，中国传统文化开始渐渐显露出它的优势。西方文化与中国传统文化都是构成世界文化的有机组成部分。从世界范围来看，西方文化与中国传统文化两者相得益彰，且处于一种"你中有我，我中有你"的和谐状态。

三、中国传统文化在世界范围内的作用

（一）中国传统文化是中国对外展示的名片

偌大的世界由众多国家组成，而各个国家在世界中既是各自独立的，又是紧密联系的。随着全球化的深入发展，世界各个民族和国家越来越紧密地联系起来，

在政治、经济和文化等各方面进行密切交流。近年来，中国在世界上的发展势头日趋强劲。中国之所以如此，得益于自身丰厚的传统文化。中国的传统文化成为中国向世界展示自身的名片，通过这个名片，世界上的各个民族和国家可以很好地认识中国，从而为中国在世界上的发展奠定良好的基础。

（二）中国传统文化是外国可以借鉴的文化宝藏

中国传统文化既是中国的文化又是世界的文化，因为文化最大的特点在于其无国界性。中国传统文化的发展得益于中国得天独厚的自然环境及人文条件，中国独特的传统优秀文化博大精深、内涵丰富，有着无限的开放性、包容性等。中国传统文化的诸多特点有很大一部分是其他国家文化所不具有的，因此这就对其他国家的文化有了一定的借鉴意义。

四、中国传统文化的发展前景

（一）国内弘扬中国传统文化

中国传统文化是中国土生土长的文化。有人说，在经济全球化的今天，各个国家日益联系在一起，照这样发展下去，国家与国家之间的界限会越来越模糊，而各国的传统文化在这时便显现出巨大的作用。各国的传统文化是各个国家形象的标志，为了更好地体现本国的民族特色，各国不得不大力发展本土的传统文化，中国也不例外。中国传统文化是中国人民在漫长的历史发展过程中延续下来的思想文化、思维方式、风俗习惯、制度规范和宗教艺术等的总和。同时，这也是"中国"之所以成为"中国"，"中国人"之所以被叫作"中国人"的原因。大力发展中国传统文化，可以更好地稳固中国的根基，也可以更好地展示中国与其他国家的不同之处。为此，我国应大力发展中国传统文化，使中国传统文化在本土能够将根基扎得更牢，从而得到更好的发展。

（二）国外学习中国传统文化

当今的世界是文化多元的世界，中国优良传统文化的源远流长不仅在中国本土有体现，而且在世界范围内也有体现。中国在发展自身传统文化的同时，也加快了自身文化向世界传播的速度。中华优秀传统文化与其他国家的文化相比，必定有相对出彩的地方，这就不可避免地使其被他国学习、借鉴。这是一个发展的态势，也是一个必然的趋势。

中国传统文化的核心是儒学。儒学是人类文明宝库的重要组成部分，它在中国乃至全世界的现代化历史进程中都有举足轻重的地位。不仅如此，中国传统文化的精髓更是为世界文化的丰富多彩奠定了坚实的基础，提供了重要的思想源泉。譬如中国儒家思想中的"天下为公""大同社会"等思想至今仍不过时，后人根据其所在的时代背景不断加以完善，形成具有时代意义、包含新时代内涵的新思想，如"和谐社会""公有""民主平等"等。这些思想相比有些国家或民族的"私有制""集权"等无疑更具开放性、包容性，是今后世界发展的大势，是全人类共同发展进步的必由之路。

第二节　传统文化融入大学语文的重要性与必要性

中华民族的传统文化是先辈智慧的结晶，经过不断地总结与继承才呈现在当代的世人面前，其中不仅包含丰富的中华民族语言文字，还涵盖了充满中国人民智慧的哲学思想与理念。其中的伦理道德文化与中国传统的思想价值都闪烁着中华文明的璀璨光辉。这些优秀的传统文化在今天，依然是社会主义精神文明建设的依据。现代社会的经济与科技不断向前发展，经济全球化的趋势无法阻挡，同时文化也呈现出多元化的特征。中华文化作为世界文化之林中的重要组成部分，以一种什么样的状态与方式出现世人的面前，这对于每个中华儿女来说都有十分重要的思考意义。大学生是祖国的未来，他们身上有着艰巨的责任，这种责任不仅在于对祖国物质层面的建设，也在于精神方面尤其是对中华文化的传承。中国传统文化的内容在当前大学语文教材之中占据比较大的比重。因此，大学教师在指导学生进行大学语文学习时，要帮助学生认识与理解文学作品之中传统文化的意义与价值。

社会上出现的许多消极的文化正逐步侵蚀着大学生的思想，如拜金主义、享乐主义、个人主义等。这些消极的文化使得大学生的人生观念与人生理想发生转变，使其偏离了正确人生观、价值观的轨迹与方向。有的大学生秉持着自认为正确的"金钱至上"原则，注重个人享受，对于中华优秀的传统文化所提倡的道德修养准则不以为意。因此，教师要在大学语文教学过程中，通过对学生讲解优秀的传统文化，加强思想教育工作，提升学生的人文素质，逐渐将其培育成有价值的人。

一、传统文化融入大学语文教学的重要性

（一）大学语文教学的主要任务就是传承传统文化

大学生在进入大学之前经过了比较系统的语文知识学习，掌握了基础的听说读写能力。这些能力是学生进入大学后学习更深层次的语文知识的前提与基础。进入大学之后，倘若继续重复这些内容，那么就会造成学生对这些知识的厌烦，从而对整个大学语文学科产生抵触心理。这对于这门学科而言是不利的，而且也不利于学生未来的发展。因此大学语文教学要与大学前的语文教学有所区别，要注重对传统文化的学习与传承，因为大学生有之前学习的基础，对于传统文化便会有一个全新的理解与认识，更有利于对其进行传承。

（二）传承传统文化是培养语文应用型人才的重要途径

著名教育学家匡亚明先生曾经提到过："大学语文作为一门边缘性学科，不仅要让学生掌握基本的语文知识内容，培养学生鉴赏语文作品的能力和语言表达能力，而且要在大学语文教学中传承和发扬中国传统文化，以期能够培养出道德素质高的综合性人才，激发学生的爱国热情。"[①]

在大学语文教学中应用传统文化教育，是全面改革和创新语文教学内容和课程体系的要求。国家对于在大学语文教育中加强传统文化教学十分重视。我国高校为了响应国家对于传统文化教育的要求，纷纷将传统文化因素融合到大学语文的教学环节之中。这样可以使学生对民族语言与文化体系有更深刻的了解，提高学生对传统文化的认同感，使学生在心中存留下传统文化的深刻印记。

（三）传承传统文化能够提高大学生的人文素养

一代又一代的先辈对传统文化进行积累与继承，经过成百上千年的发展，中

---

① 毛丽.大学语文教学与传统文化研究[M].北京：北京工业大学出版社，2020：29.

华传统文化才形成了博大精深的内涵，这是中华民族宝贵的精神财富。中华传统文化中蕴含的宗教文化与道德思想对于我国社会主义精神文明建设有重要意义。新时期的大学生肩负着对中华优秀传统文化的传承任务，在大学语文的学习中，必须深入地了解、学习、研究传统文化的内涵。只有对其内涵有了深刻的体会才能更好地将传统文化发扬光大。

二、传统文化融入大学语文教学的必要性

（一）大学语文教师队伍是传统文化传承的主导力量

在中华民族的历史发展过程中，传统文化以丰富的意蕴与内涵扮演着思想文化与精神观念的载体角色。即便是现代社会的人们，传统文化依旧对其的思想与价值观有深刻的影响。对于一个民族而言，现代化进程的迈进必须有前进的基石与动力，而这便是优秀的传统文化。但是由于当今世界多元文化的冲击与功利主义的倾向，传统文化正面临着"边缘化"的威胁，一些人大肆宣扬传统文化"过时论"。鉴于这样的社会背景，大学语文教师的职责重要性不言而喻。他们不仅要提升学生应用母语的能力，而且其本身还肩负着传承中华文化的使命。大学教师是大学教育体系的主体之一，大学语文教师队伍建设水平的高低关系到传承传统文化的成功与否。

当前大学语文教育高水平师资短缺。当然这里有很多原因，最主要的莫过于大学语文被"边缘化"。由于长期以来对大学语文课程缺乏科学合理的学科定位，高校对大学语文课程的认识和重视不够，有的高校将其与政治课、公共英语课等共同设置为公共课部，有的设置在中文系或中文教研室，由某个老师监管。其次，教师自身也缺乏对大学语文课程的足够的重视，缺乏对学科进行深入的研究，从而在授课的过程中出现教学组织随意、教学理念混乱的情况。造成这个现象的根源是教育者对于大学语文缺乏清晰的定位。因此要想对这类大学语文教学乱象加以修正，就要对大学语文课程有明确的定位，并且选取专业化的大学语文教师。

大学语文教师应具备扎实的中国文学知识基础，并对中国传统文化有深刻的见解、认识，对一些传统文化的核心问题的认识有独到之处。高校要安排学识渊博、教学经验丰富的教授担任大学语文的教师，这有利于提高大学语文教育的成

效，也更方便对年轻的教师进行有针对性的指导。此外，要加强对大学语文课程的师资建设，通过岗前培训、在职进修、国内外访学等多种途径不断提升大学语文教师的专业素养。

（二）大学语文教材是传统文化传承的重要载体

实现教育任务与教学目标最直接的工具是教材。当前大学语文教学选用的教材种类繁多，但质量却参差不齐。依据大学语文教学实践经验及相关调研材料，由张铭远、傅爱兰主编的《大学语文》教材是高校开展传统文化教育的经典范本。其中涉及中国哲学、文学、民俗、艺术等多种传统文化的类型。哲学部分收录了《论语》《庄子》《老子》等著作中的经典篇目，这些言近旨远的经典作品显示着几千年来中国社会发展的内在动力。这些闪烁着真理光辉的文字，对如今的人们的生活仍有着不可忽视的指导价值。

国学中的经典之作被现在的人们称为"心灵鸡汤"，人们不断汲取着其中的养分，以其中的道德修养学说作为自己安身立命的行为准则，由此可见，在现代社会环境之下，传统文化依然可以引发人们心灵的共鸣。对于大学生而言，大学教材中选录的中国经典的文学作品是大学生感受传统文化最好的工具之一。学习这些古典文学作品，在其中体会中国古代的伟大作家、诗人的崇高理想与人生追求，这对于养成大学生的独立人格有重要作用。大学语文教材中艺术部分主要涵盖了书法、建筑、绘画等传统艺术内容，深入学习这些艺术形式的特点、了解其历史渊源，可以充分激发学生对于中国传统文化学习的兴趣与热情。民俗部分是传统文化在大众生活中具体的呈现，是传统文化中最接地气的表现形式，与民间生活相联系，是民间风俗习惯约定俗成的历史沿袭。

（三）大学语文教学理念、方法关系到传统文化传承的成效

著名语文特级教师于漪认为，母语教育绝不是仅仅停留在表面的词句之上，也并不是写几篇文章就所能代表的。母语教育使学生充分感受祖国的语言、文字的同时，受到民族文化与民族精神的感染。

大学语文教育必须与时俱进才能实现传承传统文化的目标与任务，只有对当前的教育模式进行有针对性的革新，才能与时俱进。对当前大学生进行语文教育必须使用他们喜闻乐见的方式与方法，这关系到学生上课的投入程度。采用流行的、现代的文化教育形式去阐释传统文化的意义与价值，才能更好地引导大学生树立认知观念，对传统文化有更深入的体会。

大学语文教育要在教学中突出学生的主体地位，革新教师"一言堂"的教学模式，让学生参与其中，以体验式的教学方式实现教师与学生的良性互动，使学生感受到传统文化的魅力。例如，在学习古诗词时，可以让学生对诗词进行有感情的诵读，教师在此基础上对其讲解。或者教师与学生一同"创作"名诗名句，大胆填词，感受诗文中的内蕴。教学活动可以结合现代多媒体技术，激发学生的学习兴趣。教师还要在考核方式上进行改革与创新，加大日常学习的考核力度，减少学生学习的功利性，提高考核的灵活性，使其可以细细品味其中蕴含的意义，如对平时课上学生对诗词的独到理解给予一些分值，鼓励其发散思维。

三、传统文化融入大学语文教学的意义

中华优秀传统文化是中华民族精神的精髓，是我国实现中国特色社会主义建设所必需的软实力，在我国社会发展中发挥着提升民族凝聚力、整合思想文化及启发民众觉悟的重要作用。在高等教育中，大学语文课程也肩负着传承中华优秀传统文化的使命，是大学生获取中华优秀传统文化知识的重要途径。随着时代的进步和我国社会对中华优秀传统文化的推广，当代大学生受到了一定程度的文化熏陶，但是大学生未必能获取中华优秀传统文化的精髓。而大学语文课程是我国高等教育针对新时期下社会发展对人才的要求以及大学生对语文知识的实际需求而编制的教材，具有科学性和针对性。教材中融入了中国传统文化中具有优秀教育价值的内容，能够帮助大学生进行文化与道德情操的升华，实现对大学生的素质培养与教育。

（一）有助于培养学生的人文精神

在当前的社会中，随着经济全球化的发展，西方文化涌入我国的社会和文化体系中，导致我国的优秀传统文化传承受到了一定影响。基于这样的文化背景，在大学语文课程中渗透优秀传统文化教育，成为教师的重要教学目标。教师要利用传统文化中的人本思想、人文精神等，对学生的思想、美德等进行培养，让大学生在接受优秀传统文化的过程中提升自身的人文素养，并形成正确的三观体系。

　　我们要深刻认识到，大学语文不应仅仅承担其基础课程的职责，还应承担起传承和弘扬传统经典文化的重任。当代大学生的文化品位、审美情趣和审美功能等方面的提升，离不开民族优秀文学作品、文艺典故的教化意义，优秀文学作品也对学生的情感态度和价值观有一定的感染作用。如果大学生能够对这些著作进行细致的阅读、感受和品味，从中汲取精华、获得启迪和感悟，那么这些作品所呈现的真实、善良、美好以及所蕴含的人文精神，将自然而然地转化为他们精神素养的源泉。因此，教师应当充分利用文学作品中蕴含的情感培养大学生的爱国主义、思想情操和礼仪修养，同时对学生的爱心、同情心和怜悯心进行塑造，引导其确立一种正确的人生观和世界观。培养学生高雅的审美情趣和高尚的思想品质能在一定程度上促进其人际交往和语文能力的发展，使其在未来步入社会后无论从事何种职业，都能成为一个内心善良、坚定不移、勤奋敦厚的优秀人才。

　　当前，大学生生活在社会转型的关键时期。在功利主义、享乐主义和拜金主义等不良思潮的冲击下，一些大学生陷入了迷茫和自我迷失之中，甚至将追求个人享乐视为自己生活的目标，有的人对社会漠不关心、不思进取，遇到挫折就失去自信；有的人处处以自我为中心，目中无人，狂妄自大；有的人没有坚定的信念和对生命的感激之情，没有积极健康向上的心态和乐观豁达的人生态度，没有面对挫折时的毅力与勇气，没有艰苦奋斗的精神以及从底层开始的勇气和毅力；还有的人对自我定位和未来没有合理的规划。大学语文教师可以将经典名篇中所蕴含的作者的高尚思想融入日常教学中，改变大学生消极错误的思想与观念，让大学生成为积极进取、勇于挑战、目标清晰的高素质人才。

　　大学语文教学应当注重传承和弘扬传统文化和人文精神。大学语文课程的开设，是推广传统文化的一种有效手段，备受各大高校青睐。在大学语文教学大纲中，国家教委强调了以崇高的精神塑造人、以杰出的作品激励人。为了真正践行这一理念，我们应当推崇将传统文化教育与人文精神教育相互融合的教学方式。大学语文所特有的历史文化特征和人文内涵，为精神教育提供了丰富的素材，使其在大学校园教育和课堂教学中更具教育性，而非空洞、简单的说教。

　　大学教学的终极目标应当从单纯关注单位时间的信息知识的传递数量转变为强调信息知识在社会中的作用，即其对社会的影响。为了迎合这一结论，大学语文教学必须跳出知识化的教学理论框架，跳出课堂教学的程序性限制，要将大学生看作认知主体，以促进学生的道德、人格和心理意识的全面发展。

大学生应当深刻领悟中国传统文化的精髓，而不仅仅是简单地阅读经典著作。在当前形势下，我们必须认真思考大学语文课程的功能和定位，以便更好地满足学生的学习需求。大学语文涵盖了大学生应具备的语言和文学知识，同时也是中国文化的重要载体。对于中国文化的理解，不应仅限于相关课程的开设，也不应仅仅停留在表面的语文层面，而应展现出其独特的魅力、风采和精髓。因此，为了更好地传承和弘扬经典传统文化，大学语文教师必须深入探究大学语文教材的编选特点，探索教学内容、教学方法和教育手段，并采取切实可行的措施。

大学语文教材所蕴含的人文内涵丰富多彩，彰显出其独特的人文价值。大学语文教学应当注重将一个时代的人文精神融入特定的经典文化作品中，以突显其人文性，通过对作品进行深入剖析和解读，探究其中所蕴含的形象元素，以进一步深化时代和社会的理解。所以，大学语文教学是要去传承在中国文学乃至世界文化当中被呈现、传递、传播以及积累下来的有积极意义以及当代价值的文化内容，如爱国主义、民族精神、民本思想、改革精神、奋斗精神、生命的价值、人格的价值、道德伦理和仁爱精神等内容。

中国传统文化源远流长、博大精深，而人文精神是其核心要素。大学生应具备的人文素质主要包括以下几点。

①责任。古人有言：天下兴亡，匹夫有责；位卑未敢忘忧国。

②信念。古人有言：志不立，天下无可成之事。

③诚信。古人有言：人而无信，不知其可也；人非行无以成，行非信无以立。

④宽容。古人有言：唯宽可以容人，唯厚可以载物；忍一时风平浪静，退一步海阔天空。

⑤谦虚。古人有言：虚己者进德之基；人生大病，只是一傲字。

⑥礼让。古人有言：处世让一步为高，待人宽一分是福；有理也要让几分；得饶人处且饶人。

⑦豁达。古人有言：人生由来不满百，安得朝夕事隐忧；提起千斤重，放下二两轻。

中国传统文化中包含的精华远不止这些，大学语文教师必须对其进行深入发掘，让学生在具有科学文化素养的同时还具有优秀的人文修养，争取做一名新时代高素质人才。

在对理工院校非文学专业大学生进行大学语文教学时，教师应该注重人文教育的补充，因为科学教育的目的在于启迪灵性，而人文教育则不仅能激发灵性，还能启迪人性。唯有将科学教育与人文教育相互渗透，方能使教育与时俱进。在经济快速发展的新时期，在世界各国逐渐走向全面合作的同时，世界在发展，科学技术在变革，新时代的大学生既要符合社会主义发展的专业要求，又要具备内涵修养。学生要通过学习传统文化，从优秀的中国文学作品中领略中华文明的文化魅力，感悟其中蕴含的民族精神，学习鉴赏文化中隐藏的道德情怀以及民风民俗之美，在提升审美意识的同时感悟国家的伟大，提升民族责任感。专业课之外的人文教育能够培养学生高尚的道德情操，树立正确的人生价值观，在掌握先进专业技术的同时又能明晰地辨别真善美，明确民族语言和民族文化的神圣和高尚，更好地为建设祖国贡献力量。

（二）有助于实现民族的伟大复兴

文化是人们智慧的结晶，同时也是民族生存和发展的重要动力源泉。因此，在大学语文课程中渗透优秀的传统文化教育，能够有效改善我国西方文化渐盛的问题，有效加强大学生的民族意识，激发大学生对民族复兴和发展的责任感，使其凝聚成一股强大的力量，为实现中华民族伟大复兴提供有效推动力。

中国人民的强烈民族自豪感和文化自豪感是源于中华文明，正是这些自豪感为实现中华民族伟大复兴提供了广泛的心理基础和基本的精神动力。中国梦所蕴含的浓郁爱国主义精神，恰恰是中华优秀传统文化的核心和基础所在。舍己救人、忠诚报国的精神信念在卓越的传统文化宝库中是一颗璀璨的明珠。中华优秀传统文化所蕴含的精神气质，深深地烙印在中国梦所牵涉的多个元素之中。中华优秀传统文化中蕴含着自强不息的拼搏精神，公平正义的价值取向，个人梦想与民族前途、国家命运的紧密关联，和平发展、合作共赢的理念诉求，这些都是实现中国梦所必需的，同时这些理念诉求也能在中华优秀传统文化中找到经典话语，成为其有力的支撑。

1.科学认识传统文化和优秀传统文化

在尊重传统的前提下，我们应该以历史和科学的视角审视中国传统文化，有针对性地吸收和创新，深刻理解其本质内涵，并积极弘扬卓越的传统文化。在新的历史背景下，对于先辈传承下来的道德规范，我们要依据现代化的基本精神理念，取其精华、去其糟粕，推陈出新，选择性地传承弘扬。

2.大力研究和挖掘优秀传统文化

为实现民族传统文化的现代化，我们必须引进和培育新的文化元素和文化精神，以赋予其与时俱进的精神和蓬勃的生命力。为了弘扬中华文明，我们必须充分发挥哲学和人文社会科学的重要作用，通过推进哲学、人文社会科学的繁荣和发展，促进中华民族传统文化的整合、挖掘和创新，使全世界的人们真正了解、欣赏和向往中华民族的传统文化，从而扩大中华文明在国际社会中的影响力。我们应该虚心汲取其他国家的经验和做法，以加强对民族优秀文化的保护和传承。

3.将弘扬优秀传统文化与社会主义核心价值观结合起来

社会主义核心价值观是社会主义的价值特性与中华民族的文化特性融为一体的体现，是中华民族的核心价值观。中国传统文化的深厚土壤是社会主义核心价值观的根基，因此我们必须将弘扬优秀传统文化与社会主义核心价值观的宣传教育相互融合。

4.把优秀传统文化融入学校立德树人的实践中

传承和弘扬优秀的传统文化，需要将其内化为我们每个人的日常行为准则，而非仅仅停留在形式上。因此，为了坚守中华民族文化基因与精神命脉，我们必须从基础教育入手，在教学和研究体系中实现这一目标。加强公民道德素养的培养，加强社会公德、职业道德、家庭美德和个人品德等方面的培育，是推进社会主义文化建设的基础性工作。

5.保持特色，不断创新

习近平总书记在文化传承发展座谈会上指出，要努力实现传统文化的创造性转化、创新性发展，使之与现实文化相融相通，共同服务于文化人的时代任务。文化之所以具有生命力，是因为创新。我们必须在实践的基础上，弘扬富有当代价值和魅力的文化精神，同时，要兼收并蓄，广泛容纳其他优秀成果，并通过转化再造和丰富发展而使其焕发出新的生机。

今日之责任，不在他人，而全在我少年。少年智则国智，少年富则国富；少年强则国强，少年独立则国独立；少年自由则国自由，少年进步则国进步。

我们已经明确了保护和弘扬中华优秀传统文化的方向、政策和任务，只需要投身其中，将其内化于中华民族复兴的强大精神和思想力量之中，让中华优秀传统文化以及整个中华民族早日走向复兴。

（三）有助于延续优秀的历史文化

为了突破旧思想、旧文化的束缚，实现我国经济的繁荣发展，人们大力引进西方的先进技术，导致外来文化不断侵入我国，为了防止我国的历史文化传承出现断层，教师可以借助大学语文教学平台，将优秀的传统文化渗透到学生的日常学习和生活中，进一步加深学生对我国传统文化的了解与认知，帮助学生创建民族文化的自豪感和自信心，从而有效保障优秀传统文化的延续与发展。

中华民族有着五千年的漫长历史，在这历史长河中源远流长的中华优秀传统文化得以孕育成功，并蕴含着独特的中国特色，在时代发展中，中国传统文化不仅将自身的内涵继承发展下来，而且在时代的演进中不断地被赋予崭新的意义。在初中、高中以及大学阶段，语文课程作为塑造学生对传统文化正确认知的重要媒介，已被纳入学生必修课程之列，这表明了教育部门对于培养学生人文知识的重视程度。为了跟上社会文化变革的潮流，各大高校纷纷加大了对学生进行语文教学的力度，希望通过学习语文，让学生更深入地了解国家发展历史，也正是这一原因使得中国传统文化能在历史的洪流中屹立不倒。随着信息化时代的到来，全球经济蓬勃发展，语言类学科研究占据着越来越重要的地位，成为推动市场进步、开启社会发展之路的关键工具。汉语成为市场上备受瞩目的语言科目之一，由此全球出现了大范围的"汉语热"现象。为了加深学生对我国传统文化的认知，各大院校将语文教学科目视为教改的典范。

1. 在诵读中体现母语的魅力

在中国传统文化的构成中，语文占据着十分重要的地位，语文的核心是汉语，汉语也是中国人的母语，到目前为止，语文已经有了几千年的发展历史。在大学语文教学中，如果教师想要在课堂上传递情感，那么他们可以通过朗读语文文章的方式，让学生感受到汉语标准化发音所带来的优美旋律。在大学的语文课程中，为了让文章更具色彩和魅力，诵读者需要具备丰富的情感，这样才能达到更高的境界。

通常在语文课堂教学中，教师会要求学生以大声朗读的形式进行学习或感知，其他语言是无法表现出这种魅力的。通过朗读，学生可以深层次地感知母语传播的文化精神，同时还能在语文学习的过程中树立民族自信与文化自信。与此同时，越来越多的人开始学习汉语、练习普通话，这也间接地表明中国传统文化在语文领域的魅力被人们所认识。汉语测试已经在全球范围内得到推广，同时由于汉语表达测试具有难度，因此也被人们"汉语托福"。总的来说，中国传统文化中，母语诵读所呈现出的无穷魅力，正是汉语当前面临突破的一个重要转折点。

2. 在写作中展现文字的儒雅

在历史长河中，那些蕴含着丰富历史文明且博大精深的文化得以延续至今，主要得益于汉字在语文中的卓越贡献。汉字与汉语同等重要，是中国传统文化传承的重要载体。中国传统文化的历史与底蕴，从最初的"图形图画"到后来的"象形文字"，再到"简化汉字"，最终演化为今天的"汉字"，每一个演变过程和历史都展现了其独特的面貌。因此，在大学语文教学中，学生必须通过书写来领悟汉字所蕴含的文化精髓，这是一项不可或缺的任务。

在大学语文课程中，有关专业的教师普遍认为，一个有追求的大学生，必须首先掌握本土文化历史的渊源和本土文字的演变过程。这其实也就是对我国各民族优秀传统文化的认识与了解。对于各个学科领域的学生而言，深刻理解中国传统文化的内涵和外延，是其学习和研究的核心和重中之重。在大学语文教学中，通常情况下，教师会引导学生运用汉字，激发他们的想象力和创造力。无论是从事什么工作的人，未来的就业和发展都需要借助文字这一坚实的支撑。在这种情况下，那些具备一定文字写作能力的同学们将会展现出自己的长处，并将自己的写作水平进一步展现给就业单位，同时，他们还能够将文字所蕴含的文化精神传递给面试官，从而更好地感动对方，获得更好的发展机会。

3. 在经典作品中诠释汉字的人文素养

在大学语文中，中国传统文化的传承离不开经典作品和著名典籍这两个重要的文化载体。在漫长的五千年历史长河中，先贤们的智慧和生活阅历为大学语文教学提供了无数珍贵的素材。这些经典之作，如《论语》《史记》《道德经》《三国演义》等，不仅是中国传统历史文化的代表，更是古人智慧和历史文学性涵养的生动展示。

当前，大学生学习与了解文化通常是通过互联网进行，但这种了解方式存在不足之处，即对中国传统文化的了解不系统、不全面。在此背景下，各大高等院校均选择将经典文化作品引入语文课堂，以使学生在课堂上通过文化知识的传播，掌握历史文化的繁衍过程和大致脉络。在大学语文课堂中，教师常常会根据当堂课的教学重点，挑选那些备受推崇的古典著作作为本节教学案例进行深入剖析。这种授课方式不仅能够提升学生在语文课堂上的学习效果，同时也能够在一定程度上促进学生对人文知识和历史文化等方面的认同。总的来说，教师所选用的文学、文化和文字作品，对于提升学生的人文素养至关重要。这些作品所蕴含的文化精髓和历史底蕴，值得后人反复揣摩和深入思考。

4. 在文学活动中传递民族文化

在大学语文课堂中，引导学生对文学类活动产生浓厚兴趣，也是展现中国传统文化魅力的另一种方式。在当今信息化社会的背景下，受到西方文化的影响，大学生频繁表现出对外国文化的崇拜和媚外行为。经过深入的调查和研究，教育部门发现，有一部分学生对圣诞节的重视程度超过了中国传统文化节日，并认为中国传统节日可以被替代。大学语文课程为传统文化的延续注入了新的活力，通过线上线下的语文活动，大学语文教师能够唤起学生对于文化传承的热情，从而有效解决这一问题。

当代的大学生群体作为社会中蓬勃发展的一股力量，汇聚了民族文化的崇高精神。因此，在大学语文教学中，教师可以与社团和协会合作，组织学生根据不同时期的民族文化特征，开展多样化的语文活动。如引导同学们在端午节活动之前，写好语文课堂活动策划方案或者口号标语等。总的来说，现今社会中存在着一个独特的群体——大学生，他们不仅肩负着文化传播的重任，更肩负着历史文化传承的重任。

第三节　传统文化融入大学语文的思路创新

中国传统文化是华夏民族精神文明的结晶和体现。在进行语文课堂教学时，大学语文教师应当将传统文化的基础知识有机地融入其中，以激发学生对传统文化的浓厚兴趣，使其深刻认识到传统文化之美，深刻领悟传统文化真正的价值所在，并有意识地传承和弘扬我国优秀的传统文化，从而推动整个民族文化素养的不断提高。本节主要内容有课程创新，增强传承意识；提高教师修养，构建渗透模式；增大阅读量，提升文化素养；回归写作，表达深度与温度；贴近生活，营造校内外文化氛围。

一、课程创新，增强传承意识

在漫长的历史长河中，中华民族凭借其独特的信仰追求、文明准则和思维方式，逐渐形成了一套被广泛认可的道德规范和价值取向。中华优秀传统文化的精髓源源不断地涌现于名家、名著和名篇之中。

我国语文教材的编纂工作一直注重将优秀的文化传统融入其中，特别是近年来，教育部不断增加传统文化篇目，并将中华优秀传统文化内容融入各个学段的语文教学中，包括必修、选择性必修和选修各教材。通过对课本教材的深入研究和学习，学生可以更好地提高对中华优秀传统文化的认同感，树立传承中华优秀传统文化的自觉意识。

（一）深挖课程内涵，感受传统文化魅力

从学科内容特点和学生的专业成长需要来看，大学语文课程呈现出如下的价值内涵。

①作为一门基础性课程，大学语文课程不仅是各专业的公共课程，其教材更是从古今中外的优秀文学作品中精选而来。大学语文注重对学生进行语言文字教学、阅读与欣赏、写作基础知识及审美引导等基础性教育和训练，以逐步提高学生的文学素养、语言理解能力及语言文字运用能力等，从而为其身心发展和职业进步奠定坚实的素质基础，同时也为其他学科的学习提供了支撑。

②大学语文课程是一门以人文为核心的学科。作为一种文化媒介，文学作品以其直观、具体、形象的形式，展现了人文精神的艺术表达。在大学语文课程中，那些经典的文学作品所蕴含的文化精髓，是作者所倡导的人文精神的集中体现，这些作品见证了时代的变迁。通过对作品进行深入的分析、解读和领悟，学生能够在具体可感知的意象中感受到其蕴含的文化现象与艺术价值，从而在内心深处萌发人格、道德和伦理的情怀。

③大学语文课程还是一门工具性课程。课程设置上的考量取决于高校的人才培养目标。除了培养学生的文学和文化修养，大学语文教师还应引导学生掌握语言使用的技能和技巧，以理解、归纳语言表达方式为主要教学内容，将语文学习是其他学科学习的基础这一点凸显出来，逐步培养学生在工作和生活中的语言运用能力，如理解能力、表达能力、书写能力等，从而不断丰富和提升学生的核心职业素养。

大学语文课程教材是一本厚重的传统文化教育史，从神话传说到先贤伟人，从古代诗文到传奇小说，都承载着厚重的传统文化。所以，大学语文教师应该把学生带进教材，鼓励学生去探究课文内容，感受强烈的人文关怀，增强对传统文化的了解。例如，从文天祥的"人生自古谁无死，留取丹心照汗青"中感受诗人崇高的民族气节，从范仲淹的"先天下之忧而忧，后天下之乐而乐"中感受作者以天下为己任的政治抱负。无数的文人墨客用灿若星辰的诗文，构成了中华民族特有的文化底蕴和艺术气息。语文教师不仅仅要教学生会读会学，还要挖掘出语文教材中的爱国情怀、民族气节，为培养学生的民族精神服务。

（二）结合课程内容，渗透传统文化知识

在大学语文教材中，许多文章都涉及我国的优秀传统文化，教师可以结合课文内容在教学中渗透传统文化教育，如在进行沈从文的《端午日》一课的教学时，可以引导学生谈谈自己所了解的端午节的来历、习俗，让学生从中了解到诗人屈原的爱国情怀，以及每年农历的五月初五每个地方为纪念爱国诗人屈原的不同习俗，在了解民俗文化的丰富内涵、感受乡土文化的独特魅力的同时，培养学生对民族文化的热爱之情。

二、提高教师修养，构建渗透模式

教师应当以身作则，不断提升自身修养，致力于成为一位"四有"教师，即具备理想信念、道德情操、扎实学识和仁爱之心。渗透教学模式以学科特点为基础，在教学中渗透传统文化因素。

建立渗透教学模式，需要将卓越的传统文化教育与社会主义核心价值观的实践相融合，同时结合时代精神教育、革命传统教育以及对国外杰出文化成果的学习和借鉴，以弘扬爱国主义精神，强化家国情怀教育、社会关爱教育和人格修养教育。国家应在加强对中华优秀传统文化教育的多元支持的前提下，根据具体情况，开设优秀传统文化精品教育课，成立传统文化名师工作室，拍摄由师生共同创作的中华优秀传统文化微电影或视频，以培养一批中华优秀传统文化教育标杆学校，同时开展优秀传统文化专题学习体验、理论研讨、社会实践、志愿服务和文艺汇演等活动。

（一）教师要加强自身传统文化素养

作为知识文化的传递者，教师在教学中扮演着至关重要的角色。教师自身的文化素养直接影响着传统文化教育的质量，因此单纯依靠专业知识是不足以提升自身素养的。为了更好地服务于教学工作，教师可以通过学习思想、历史、艺术等方面的知识来扩大知识面，从而提升自身传统文化的素养；也可以通过阅读来提升自身的传统文化修养，如阅读古代名家的书、传记等相关内容。加强人文素质教育在大学语文教学中的渗透要充分发挥大学语文教师的作用。对此，构建高素质的教师队伍具体可从以下方面着手。

①招聘优秀教师。大学要通过丰厚的薪资待遇招聘更多具备良好人文素质的优秀教师，从整体上提升语文教师队伍的人文素质，实现对现有教师队伍结构的优化，还要建立健全相关激励机制，并制定各项优惠政策，为高素质的语文教师创设良好的薪资待遇条件，加强对优秀语文教师的吸引力。

②鼓励语文教师提升其人格魅力。大学要鼓励语文教师在巩固教学基本功、增强各项教学技能的同时博览群书，接受人文艺术的熏陶，注重博学深思、明辨笃行，通过反躬自省、见贤思齐有效提升自身的人格魅力，为学生树立良好的榜样，通过言传身教，有效加强人文素质教育对学生的渗透。

③增强语文教师的职业素养。大学要通过增强语文教师的职业素养，实现对人文素质教育的有效落实，要督促语文教师在日常教学过程中保持严谨踏实的教学态度，并强化其各项教学技能，有效改善语文教学效果，增强人文素质教育的有效渗透。

（二）教师要改善教学方式

大学语文教师要对教学方式进行有效改善，加强人文素质教育的有效渗透，具体可从以下方面着手。

①精心挑选语文教材，并按照专题方式对具体教学内容进行合理组织。教师要对教材内容进行深入挖掘，加强人文素质教育与教材内容的紧密联系，明确人文素质教育的重要目标。教师要立足于人文素质教育，科学拟定教学专题，并根据专题精心挑选教学课文，实施高效有序的专题授课，打破固有的教材课文编排顺序，对教学内容进行灵活安排。

②创设审美化的教学过程以及教学情境，加强对大学生的人文熏陶。教师要运用优美的语言进行授课，并基于教学课文的具体内容，灵活运用先进的多媒体教学手段，创设良好的审美教学情境，在潜移默化中提升大学生的审美品位，增强大学生的人文素质。

③强化情感教学。语文教师在开展语文教学的过程中，要强化情感教学，将自身丰富的人文情感充分灌注于具体的教学内容中，引导学生产生与人文教学内容的情感共鸣，在潜移默化中培养学生的爱国主义和人文主义情感，实现对学生思想品质和道德人格的有效完善。

（三）教师要实施人文化的考核方式

大学语文教师要对学生实施人文化的考核方式，秉承人文理念对考核内容进行设计，注重对学生的人文素养进行考核；同时，要灵活运用多样化的考核方式，注重在平时的教学过程中对学生的人文素养进行考核，通过诵读演讲、课堂辩论以及写作等方式对学生进行考核。另外，教师要淡化考核过程中的标准意识，促进学生形成良好的创新精神；要摒弃传统考核中对标准答案的设定，注重在考核过程中传达人文理念和文化精神，实现对学生深层次人文素养的有效考核，鼓励学生秉承人文理念对考核内容提供多样化的创新型答案。

（四）创设教学氛围，注意丰富学生的人文情感

在大学语文教学中时刻可以发现有关人文思想的渗透，而为了更好地适应未来教学要求，很多教师也在积极地转变自身的教学模式，努力将人文思想教育模式体现在语文教学中，这在一定程度上加快了大学语文的人文素养教育路径的完善。总体而言，目前大学校园中具有丰富的人文情感教学环境，从中可以剖析大量的人文元素，因此教师应该充分利用这种教学资源，在尊重学生个性的基础上培养学生情感，最终达到人文教育的目的。例如，讲授《论语》时，教师可以先借助课堂上的多媒体设备来展示孔子的有关论述，在通过视频进行展示之后，学生就能充分了解本堂课的主要教学内容；在吸引学生的注意力之后，教师采用抛砖引玉的方法，背诵几个学生耳熟能详的《论语》作品，帮助学生树立自信心，之后就可以围绕课堂的教学内容引导学生对《论语》进行深入学习。其间教师应鼓励学生表达自己的看法，根据学生的回答评估其人文素养养成情况，从而调整教学方向。从教学效果来看，这种教学方法可以将学生带入《论语》的学习氛围中，学生的人文素养会在这一环境中得到充分展示，有助于人文素质的培养。

三、增大阅读量，提升文化素养

阅读是获取中华优秀传统文化最为有效的途径，而书籍则是一种卓越的精神营养品。通过增加对传统文化的阅读量，学生可以提升文化的气质，从而塑造出更加完善的人格。例如，读《大学》，学习格物、致知、诚意、正心，学习做人的准则；读《论语》，学习温、良、恭、俭、让，学习爱人爱己、心怀天下、奉献社会；读《中庸》，学习行乎当行、止乎当止；读《孟子》，学习仁政的民本思想；读《墨子》，学习兼爱、非攻，等等。

党的十九大报告指出，要深入挖掘中华优秀传统文化蕴含的思想观念、人文精神、道德规范，结合时代要求继承创新，让中国传统文化展现出永久魅力和时代风采。教师应当紧跟时代潮流，因势利导地改进和完善本班的经典阅读体系，有针对性地为学生编选关于传统文化的经典图书书目，并评选出优秀的读书笔记和分享读书心得，同时结合语文学科的优势，不断更新传统文化的学习内容，为学生打造一个展示传统文化的平台。

（一）巧妙提升学生对传统文化阅读的兴趣

大部分学生对传统名著的阅读兴趣不高，这对于学生阅读传统名著有着较大的负面影响。只有学生具有兴趣，愿意主动去学习传统名著之中的内容，才能够从根源上解决传统名著阅读问题。在教学过程中，教师可以将自己树立成榜样，带领学生有针对性地进行阅读，还可以帮学生找出传统名著阅读之中的难点，以小组的形式进行深入研究，这样能够使学生有更多的兴趣去阅读。此外，教师也可以选取一些经典且有趣的段落来吸引学生阅读，让学生知道阅读这些传统名著有着较大的乐趣，吸引学生去阅读这些选段以外的其他内容。

另外，在现阶段繁多的多媒体信息之中，有着非常多的资源能够被教学所使用，只要将其与教材内容结合，并利用到阅读知识的学习当中，在一定程度上会提高学生名著阅读的效果。教师在对学生进行名著教学的同时可以向学生推荐部分关于名著内容讲述的节目，如《子午书简》《百家讲坛》等，通过观看此类节目，学生的知识领域得以扩展，也能了解课堂之外的名著知识，让学生的名著阅读有不一样的体验。近几年来，许多名著被拍成电视作品，像《水浒传》《西游记》《三国演义》等电视作品深受人们的喜爱。教师还可充分发挥学生对电影的爱好，向他们推荐由名著改编的电影，如《阿 Q 正传》《鲁滨孙漂流记》等。学生在看电影或者电视剧的过程之中也能够充分地了解名著之中的内容。电影和电视剧也能够让名著之中的文字具象化，更有利于学生体会其中表达的意向。这种来自视觉、听觉的多媒体展示，也有利于学生在名著阅读时提升自己的想象力。然而，影视作品有时为了追求一定的效果或者导演思想的表达，有可能存在改编后与原文不符的情况，因此学生也要正确地看待影视作品。

（二）优化传统文化阅读的引导方法

相关调查结果显示，学生在名著阅读这一问题上并没有固定的时间与数量，每天的阅读也基本没有规律。与此同时，教师也没有很好地发挥其课堂主导的作用，学生大多是盲目地进行诵读，并不能真正地理解所读内容的含义，这一现象是值得我们反思的。教师在学生文学阅读中的引导作用很重要，因此其要在课前进行充分的准备工作。面对名著时，教师应该就其内容的理解找到简单易学的突破点，以便学生更易于学习和接受。比如，《西游记》的故事情节跌宕起伏，内容过于复杂，每位主要人物在不同阶段都有不同的表现，这样学生很难抓住其重点内容。考虑到学生接触《西游记》主要是从电视剧开始的，那么教师可以在授课前先让学生讲解下电视剧中学生较为喜欢的故事和人物，以便吸引学生的学习兴趣，再依据学生的理解进行纠正与补充，加深其在学生脑海中的印象。

由于《西游记》是一部神魔题材的小说，里面的人物关系复杂，人物形象各异，单单就其中一个或几个关键人物进行分析是不能完全调动起全部学生的注意力的。基于此，教师可以将班级内全部学生分成四个大组，以接力竞赛的形式对名著进行描述。在竞赛过程中学生要依次说出故事的开端、经过和结局，以及参与的人物和人物的性格特点等，这些都是在对小说极度熟练的情况下进行的。学生年轻气盛、好胜心强，带着这些任务再去进行阅读会很好地提高阅读效率。在活动进行中，因为是以小组为团队的共同答题，这就给了小组成员之间互相补充的机会，同时让学生认识自己的不足并加以补充。

这种做法在一定程度上提高了教学效率。当然，选择合适的名著进行阅读也是一门很重要的学问。世界名著有很多，其中不乏内容繁杂、题材无趣的书籍，如何选择一本适合自己的书籍对学生及其阅读效果来说是非常重要的。这就需要教师充分发挥其主导作用，帮助学生做出选择。

四、回归写作，表达深度与温度

（一）大学语文教学中大学生写作能力培养现状

许多理工科院系至今未意识到，学生的写作能力对于他们的未来发展至关重要。有些大学理工科院系甚至没有设置大学写作课程或大学语文课程，导致许多理工科学生的母语和人文素养仍停留在中学的水平。

高校一年级设置的文学院写作训练受高中应试教育影响，很多新生对经典作品阅读数量不够，致使某些以学生具体阅读水平为主的写作教学活动无法展开。同时，有些学生虽然学有余力，但对于"补课"写作教学内容却感到"意犹未尽"，因此为了能满足部分学生的学习需求，高校可以将写作课程推迟至大学二年级（至少是大一下学期），并在三年级或四年级开设"高级写作"选修课。

对于其他系的大学写作课程而言，除了新生在阅读方面遇到的障碍外，还存在课时不足、缺乏统一的课程标准以及缺乏为各个专业编写文体写作教材的问题。通常情况下，大学的写作课程所需的学习时间为一个学期，并且学生需要获得两个学分。一个学期有36个课时的教学时间，这36个课时中还有写作训练和随堂考试所占用的时间，因此教师的教学时间就十分受限。因为开课班级的学生专业各不相同，所以需要教授的应用文体也各不相同，缺乏分类细致的教材更是让许多写作教师望而却步，对于一些较为专业的应用文体，他们缺乏实践经验。为了更有效地应对这种情况，高校可以采用一种可操作的方案，即让某位教师在教授某一专业的大学写作课程时保持一定的固定性，并鼓励其根据所教专业自编部分讲义。

（二）大学语文教学中的写作渗透方法

中华优秀传统文化是当代大学生增强文化自信、实现中华民族伟大复兴的文化基础。而在教学中渗透、落实中国传统文化教育，则是大学语文教育的神圣职责。发掘中国传统文化的魅力，激发学生的学习兴趣，并将中国传统文化教育从课内引向课外，落实到学生的生活日常中，使学生在潜移默化中耳濡目染传统文化的光辉，并体现在行动中，如此方能真正落实传统文化教育。

在学生中广泛存在一种厌恶学习的心态，这种心态形成了一种恶性循环，即"写作困难—害怕写作—不愿意写作—更写不好作文"，因此教师应该探索出一些行之有效的教学方法，并积极营造良好的学习氛围。

1. 精神鼓励法

在学期开始后的第一堂写作课上，高校通常会安排一项水平测试，以评估班级学生的实际写作能力，从而实施因材施教的原则。教师应当特别留意学生的初次作文，对每一位学生的作文进行细致的点评，以表扬和鼓励为主。对于那些基本功欠缺的同学而言，他们在修辞、字迹以及写作态度等多个方面都应该得到应有的认可和赞扬，以此来培养他们的自信心。在后期的作文批改和评讲过程中，教师需要特别关注同学们所取得的微小成就，为营造良好的班级竞争环境，教师可以在评讲课上安排写作优秀的同学进行朗读。教师还可以在班级留下自己的电子邮箱，便于学生积极投送作品，同时教师要及时对这些学生的作品进行批改答复，以便激发学生在课堂上与课堂外的创作热情，同时教师也可以主动将学生的优秀作品推荐到相关的报纸和杂志上。

2. 成绩奖励法

在开学之初，教师可以向学生讲清楚平时成绩的奖励制度，并按照约定给予学生相应奖励，平时成绩的评分标准可以是学生主动回答问题，也可以是上台演讲、发表作品等。对于学生的作业成绩，可以采用多次批改和择优评分的方式，同时鼓励他们反复修改所做的文章，以达到更好的效果。该奖励方案有效地激发了学生的学习热情，活跃了课堂氛围，同时也获得了令人满意的教学成果。

3. 因材施教法

探究教学实践的对象——学生，需要从教育心理学的视角进行深入研究。为了促进学生智力、能力和个性等方面的发展，教学活动必须遵循学生心理发展规律，并巧妙地将教学内容与学生相结合。教师在备课过程中，要遵循三个原则，即备教材、备教法、备学生。其中"备学生"又包含三点内容，一是掌握学生的知识结构，在对不同院系的学生进行教学时，即使是同样的教学内容，也需要有侧重点地讲授。比如，在给音乐系学生上课时，教师可以借助《琵琶行》中的内容讲解音乐的疏密与停顿；在对美术学院的学生讲"意境"时，教师可以对中国画中的浓淡空白进行讲解。二是了解并掌握学生的能力水平，不同的学生的起点存在差异，因此教师需要针对不同的学生制订不同的教学重点，以期望达到不同层次的教学效果。三是要了解学生的兴趣爱好，对于学生的兴趣和爱好，教师应该以引导为主，不能因为个人的理解而轻率地做出评价。

4. 作品阅读分析法

阅读与写作有着紧密相连的关系，它们就像一对双胞胎，因此写作者要想有优秀的写作能力，首先要具备良好的文学阅读能力与艺术感受能力。习作者通过阅读与解析大量的中外经典著作，既提高了对作品的鉴赏和感受能力，又拓宽了阅读视野。因此，在语文教学中，作品的选择应当综合考虑学生的认知水平、接受能力以及情感倾向，同时还要注重作品的可操作性。例如，以《背影》为例文，教师和学生共同探讨细节描写在人物塑造中的作用，这恰好契合了大一新生离别亲人的情感状态。以《王桂庵》为例，探讨炼字炼句的重要性和语言含蓄的特点，这与学生的情感认知与趋向是相一致的，因此教学效果也会十分理想。

5. 任务模拟法

在讲授应用写作时，为了更好地让学生了解工作中应用文写作的实际情况，并掌握不同文体的写作方法，教师可以根据讲授的内容进行任务模拟训练，以便锻炼学生的实践能力。在教学过程中，教师将文体内容分解为多个单元，并通过设定特定的假设任务来渗透相关文体知识，从而激发学生动手动脑和积极参与的热情。如在对行政公文、日常事务文书等内容进行阐述后，教师可以筹划一次"学生代表大会"并将其作为重点，指导学生讨论如何运用多种文体组织会议，从而保证大会有条不紊地开展，如怎样得到上级领导部门召开会议的批准；怎样邀请其他兄弟学校及领导；怎样向参会者发出通知；如何正确处理好团省委与省学联的关系；会后怎样对大会情况进行记录，形成会议纪要。在培训过程中，教师要求每位学生至少扮演三种不同的角色，以完成至少三种文体的写作，包括请示、批复、通知函、请柬、会议记录和会议纪要。这类训练有助于培养学生在实际工作中的问题处理能力，提升其综合素质。

综上所述，大学生写作能力的培养不仅可以提高大学生的语言表达能力，提高大学生写作各种应用文章的能力，还可以提高大学生的文化修养，使他们更好地理解我国优秀的传统文化，促进大学生全面健康发展。

（三）大学生写作能力培养的重要性

中华优秀的传统文化为写作提供了源源不断、无穷无尽的素材，而写作则为弘扬和传承中华卓越的传统文化提供了一个展示平台，二者相得益彰、相互促进。在语文教学中，教师应当因时制宜地回归到写作教学中，引导学生以文字为载体，将中华优秀传统文化所蕴含的深刻内涵融入其中，从而使其在学生的内心深处生根发芽，规范他们的品德修养，促进他们全面成长。

大学生的写作能力的培养，不仅可以提升其语言表达和人际交往能力，更可以为其在社会中立足奠定坚实的基础；其次，培养大学生的写作技能可以提高他们在措辞运用方面的灵活性，从而更好地发挥他们的写作才华，提升文学修养；大学生的写作能力培养是至关重要的，因为它可以帮助他们克服工作中的各种难题，使他们能够轻松地撰写工作报告、总结和求职信，同时还能方便地撰写职称论文、专著等文章，从而促使他们抓住各种工作机会。

五、贴近生活，营造校内外文化氛围

（一）大学语文教学应在校内营造传统文化氛围

大学语文教学除了在课堂上进行授课，还应当以多元化的形式推广传统文化，将其融入校园生活，从而营造出浓郁的校园传统文化氛围。例如，创立一个以传统文化艺术为主题的学生社团，可以包括武术、书法、国画、民乐、京剧等多种形式；举办经典诵读会、中秋诗会、传统礼仪展示、太极拳表演、书法作品竞赛等丰富多彩的活动，以激发学生的参与热情，使其深刻感受到传统文化的魅力。

中华民族的传统节日是建设社会主义先进文化的宝贵资源，它能够促进社会和谐发展和民族的团结，是维护国家统一的重要精神纽带，同时中华民族的传统节日还蕴含着民族精神与情感、文化血脉与思想精华。高校要积极营造出传统节日的文化氛围，吸引学生关注传统节日，使其对传统文化的内涵进行深入了解，进而培养学生的文化认同感。在校园中，学校可以举办传统文化知识讲座，邀请社会知名文化人士与非物质文化的传承人进行演讲，从而深化学生对传统文化的认知，拓宽学生的视野；同时，校园内还可以提供一个展示传统文化的平台，如开设传统文化主题专栏，供学生在这一平台中进行交流、探讨；学校还可以将传统文化元素与校园建筑相融合，在班级内挂出名人的书画作品，营造特色的传统文化校园环境，让学生在耳濡目染中受到感化，从而发挥环境育人的作用。传统文化不仅要在校园中发挥作用，还要在海外市场中进行拓展。另外，为了传统文化教育能实现可持续发展，高校要充分挖掘社会公共文化资源的潜力，如文化场馆、历史文化名城、非物质文化遗产传承基地等，建立校外的传统文化传播实践基地。

开设大学语文教育课程能有效传承中国传统文化，让学生在学习中感受到传统文化的魅力，从而让学生成为传承中国传统文化的中坚力量。在传统文化精神的指引下，学生会形成一个健康的人格。在此背景下，大学语文教育改革的不断深化必须进一步明确大学语文的课程定位，优化编选教材，转变教学观念，积极运用多媒体教学手段创新教学方法，培养和选拔杰出的教师加入大学语文教育中，为传承、弘扬和创新传统文化做出积极贡献。

（二）大学语文教学应在校外与当地民俗文化结合

大学语文教育应当避免采用统一的授课模式，因为这种模式会限制大学生的思维拓展能力，从而引发学生对传统文化的反感情绪。我国地域辽阔，其传统文化呈现出丰富多彩的表现形式，在不同的地域展现出独具特色的风貌。为了实现传统文化教育的有效推广，大学语文教育应当根据当地的民俗文化特征，因地制宜地进行个性化的调整和优化，以达到最佳的教育效果。

民间生活是民俗文化的渊源，蕴含着深厚的生活底蕴，是群众智慧的综合体现，同时也是研究传统文化的重要媒介。大学生对其所处地域的民俗文化有着更为敏锐的感知和浓厚的兴趣，这使得他们的感受更加真实亲切，进而便于展开深入的文化考察，从而获取第一手的文化资料。学生可根据个人兴趣自主选择民俗文化项目进行文化调研，通过深入实践搜集相关材料，独立分析问题并得出结论，从而充分发挥学生的主观能动性。教师要做好宏观层面的引导，将课堂讲授拓展至实践领域，从而使学生在学习过程中深刻体验到传统文化的起源、历史沿革以及传承发展等问题。在非物质文化遗产项目上，教师要引导学生认识到其价值，并鼓励学生对非物质文化遗产的传承与保护提出建议。在大学语文教学的支持下，高校可以开设民俗文化鉴赏课程（选修），鼓励学生深入了解和关注非物质文化遗产项目；加强师资队伍的建设，让传统文化教育成为高校的有机组成部分；引领同学们创建具有浓郁地方特色的民俗社团，通过多元化的方式开展丰富多彩的民俗活动，促进同学们之间的民俗文化交流，以民俗教育为引领，打造具有独特校园文化特色的校园。

第四章　大学语文教学创新研究

本章主要介绍了创新意识、大学语文教学的创新思维以及创新阅读教学与创新写作教学，从创新这一角度，摆脱僵化的教学思维，探讨其对大学语文教学模式的变革和助益。

第一节　创新意识概述

一、创新意识的内涵

（一）创新概念的表述

"创新"是现代社会各界十分关注的热门词语，对此，不少专家学者作过不同表述。例如，霍默·G.巴尼特（Homer G. Barnett）在《创新：文化变迁的基础》中说，"创新"是指"在实质上不同于现有形式的任何新思想、新行为或新事物"。不过，巴尼特还认为，"发明"和"创新"可当作同义词使用。可见，"创新"的含义较广，既包括人类社会和文化的革新与改造，也包括科学与技术的发现和发明。

美籍经济学家熊彼特（Schumpeter）在他的《经济发展概论》著作中提出，"创新是指把一种新的生产要素和生产条件的'新结合'引入生产体系。它包括以下情况：引入一种新产品，引入一种新的生产方法，开辟一个新的市场，获得原材料或半成品的一种新的供应来源。"

日本学者伊东俊太郎认为，创新是解决新问题、进行新组合、发现新思想、发展新理论。俄罗斯波果斯洛夫斯基说："创新首先是顽强的、精细的，同时富于灵感的劳动。这种劳动要求人的全部体力和智力高度紧张，真正地创造出给社会以有益的有意义的成果。"①

"创新"一词在我国最早出现于《魏书》："革弊创新者，先皇之志也。"这里的创新大致与"革新"同义，主要是指改革制度。随着时代进步，创新的含义更加丰富，出现不少形象表述。

爱因斯坦说："想象力比知识更重要，因为知识是有限的，而想象力概括着世界上的一切，推动着进步，并且是知识进步的源泉。"黄汉清说："只有先声夺人、出奇制胜，不断创造新的体制、新的产品、新的市场和压倒竞争对手的新形势，企业才能立于不败之地。"费尔马说："作出重大发明创造的年轻人，大多是敢于向千年不变的戒规、定律挑战的人，他们做出了大师们认为不可能的事情来，让世人大吃一惊。"②

从上述对"创新"含义的诸多表述可知，创新既包括人类社会和文化的革新与改造，也包括科学与技术的发现和发明。创新是人的主观能动行为，是指以现有的思维模式提出有别于常规或常人思路的见解为导向，利用现有的知识储备和物质条件，在特定的环境中，本着理想化需要或为满足某种社会需求，而改进或创造新的事物、方法、元素、路径、环境，并能获得一定有益效果的行为。创新是人类特有的认识能力和实践能力，是推动民族进步和社会发展的不竭动力。一个民族要想走在时代前列，就一刻也不能没有创新思维，一刻也不能停止各种创新。创新是素质教育的重要内容，是人的潜能作用发挥和创造精神培养的动力。

大学教育的根本意义在于塑造适应时代要求的高素质人才，这种人才不仅要有健康的体魄、健全的人格、高尚的情操，还要具备较高的文化修养、创新思维能力和语言沟通能力。进行大学语文教学创新是学科发展与复合型人才培养的需要。但部分高校教师对这一教学工作的重视程度不高，导致教学工作缺乏创新性，为了改变这一现状，高校需要提升教师对这一工作的重视程度，树立创新意识。例如，高校可以开展教师创新教学专题培训，组织专题讨论，帮助老师树立正确的创新意识，推动语文教学工作进一步发展。具体教学过程，包括教学内容、组织形式、施教过程、运用手段等，在信息技术不断发展的背景下需要被重新定位。

---

① 侯丹.大学语文创新教育研究 [M].长春：吉林人民出版社，2020：34.

② 侯丹.大学语文创新教育研究 [M].长春：吉林人民出版社，2020：35.

教师要深入思考、全新探索、真抓实干，否则还会重走老路，事倍功半。据调查，部分教师使用与中学类似的教学方法，没有将学生作为课堂教学主体，没有充分调动学生自主学习语文的积极性，致使他们把语文学习作为专业学习的休整期，既浪费了时间，也消耗了精力，还无收效。为了改变这一现状，教师需要增强教学创新意识，按照学生学习情况、教学需求对教学内容进行科学设计，优化教学方法，改进传统教法，应用讲授法、谈话法、练习法、小组学习、问题研讨等适合大学生学习习惯且有利于创造思维发展的方式进行教学，以提高学生的学习积极性，使其逐渐养成自主学习、自觉探索的求知意识，通过大学语文的学习提升综合素养。

（二）创新的本质特征

创新的本质是开创前人没有的东西，具有新颖、独到、有生命力的特征，是人类通过知识与技能表现出的一种创造能力。欧文·泰勒（Owen Taylor）把这种创造力的表现形态概括为表达创造、生产创造、发明创造、革新创造和深奥创造几个层次。创造精神与创造能力对人类社会的巨大贡献已被人类普遍认同，而且只有通过创新才能将知识和技能转化为生产力，从而推进人类文明发展，实现经济繁荣；推动社会前进，实现人的真正价值。教育创新的本质特征是改变旧的教育制度与教育内容及陈旧落后的教学方式方法，探索适应人才发展的新内容、新途径，培养人的创新精神与创造能力。不可否认，我国学校教育自引入19世纪西方现代教育理论以来，发生了根本性变化，教育持续向着有序化与规范化发展，推动了社会向前发展。但随着社会的进步，原有的教学内容与教学方式对学生个性和特长发展的负面影响已逐渐显现，一定程度上束缚了学生创新能力的发展。

大学语文创新教育具有开发人的潜能的作用，它是完善人格、充实精神、丰富情感、开发智慧、提高综合素养的现代创新型人才培养的重要手段。现阶段的大学语文教育，无论是教材编写、课程设计，还是教学方法，都有必要进行创新探索。以语文教育的"工具性"与"人文性"为例，不少人把它们割裂开来，似乎"工具性"的主要任务是字、词、句、篇、语法、修辞、逻辑等语文规律的认知，把语文教育高度理性化，而把"人文性"等同于思想性甚至政治性。这样一来，语文学科的形式与内容被人为分离，相互独立。殊不知，语文的工具性与人文性是语文学科的"形式"和"实质"两个侧面。因此,不能把二者从根本上割裂开来,再求统一;更不能完全对立,分个孰轻孰重,它们本身就和谐共存于语文这个统一体中。现行大学语文教材具有一定的缺点,大部分教材中存在大量的古典文学作品,导致教材存在选文结构矛盾的问题,为减少学生与选文之间的距离感,提升学生的学习兴趣,教师需要对古今中外各种体裁的选文进行优化。另外,在信息技术不断发展的背景下,学生对小说类型文本的阅读兴趣较高,为了使语文教材能够满足学生的学习需求,教师需要在教材中引入这一类型的文章。但由于这类文本存在教学成本投入较高的问题,为了保障语文教材内容能够满足学生的学习需求,教师需要在选择时对文本内涵、教育意义进行分析,并选择内容幽默、教育意义较强的小说类文本,使大学语文教材进一步完善,以提高学生的学习兴趣,推动大学语文教学工作进一步发展。

学生的学习行为发自兴趣爱好,但部分大学语文教师在教学时,还是使用旧的传授方式,没有在课程中设置互动环节,导致学生不感兴趣,学习积极性不高。为了改善这一现状,提高教学有效性,教师需要进行教学方法的创新,在教学中引入名言警句、谚语等内容,使所教内容深入浅出,易被学生接受。但在这一过程中,由于学生的学习能力存在差异,教师需要以教学本质为出发点设计教学内容,并在教学中对教学内容进行创新,进一步提高学生的学习积极性,推动教学工作进一步发展。另外,由于大学阶段的语文教学量较大,为了提高教学工作的连贯性,满足学生的学习需求,教师需要丰富选文数量,并以多元化为创新点,为学生提供广阔的视野,推动教学工作进一步发展。但创新是有前提的,并不是随心所欲、别出心裁、跳出大纲、不要教材、重起炉灶,而是在正确的教育思想指导下,遵循教育规律,按照大学人才培养标准科学设置大纲、选编教材,运用切实可行的教学方法,充分调动学生自主学习积极性,通过创新教育使学生努力提高理解、表达、分析、欣赏的能力,成为熟练掌握母语与本国优秀文化的人才。就大学语文教材而言,务求有利于培养德才兼备、爱国爱民、责任心重、有团队精神、业务能力强的人才。因此,教师要选用真正的精品文章,古今中外的分配适当,指引明确、简要,有吸引力,有启发性,要符合时代的要求,既有深刻的思想,又有艺术的力量,要及时修订、创新,与时俱进。

教学方法的陈旧单调一向是高校教学亟待解决的问题。教师讲，学生听，教师、学生交流不够。学生不提问题，也提不出什么新问题。因此，教师需要有计划地设计讨论环节，鼓励学生独立自主地思考。不少教师已能在教学中这样做，他们有效地组织讨论，通过不同见解的互相辨析让学生从作为文化精品的课文的学习中感悟到其中包含的真性情、真思想、真力量。教师应当认识到，不是仅仅灌输一点知识就能真正感动学生，提高他们的精神境界的，而是要将知识转化为学生的实际能力，此项创新还有很大的发展空间。再就是，大学语文因其教学课时相对较少，能在课内讨论的课文不多，所以教材中有一些篇目，教师必须指导学生自主学习，并与同类篇目相比较来获得收益。读得太少，只靠教师讲授，决然不够，这需要学生在教师的指导之下向外延伸，扩大阅读面，将课内课外结合起来考虑。除了教材教法的创新，教师的教学创新设计至关重要。为能够进一步提高教学有效性，教师需要对教学内容进行优化设计，提高教学的针对性，在保证大学语文传统选文经典性的同时对大学语文教育发展趋势进行分析，增加必要的新知识、新信息。教师要突破传统思维模式的束缚，将大学语文与中学语文区分开来。大学语文不是中学语文的简单续写，而是语文学科的升华与完善，如果把中小学语文比作"泰山"的话，那大学语文就相当于"极顶"。只有明确大学语文教材的意义，使学生在学习时能够体会到课程内容中的内涵，才能顺利推动教学创新进一步发展。如温儒敏版的大学语文教材里充满了人文素养的教学内容，且选文经典、结构优化，其内容能够满足学生的学习需求并让学生产生学习兴趣，对学生人文素养的培养也很有帮助。只要教师的设计合理、教法得当，相信学生在学习时能够丰富精神世界，提升思维能力，增强语文素养。

教学过程是一个复杂且充满变数的过程，有许多不定因素需要教师随机应变。由于大部分理科生对古文内容的学习兴趣不高，基础较薄弱，教师在教学时需要花费一定时间对学生掌握的相关语文知识进行查漏补缺，使之能跟上大学语文教学步伐。不过，这一过程并非高中语文的补习，而是有针对性的补救措施，需要因人而异、量身定做。还有，为了能够进一步提高大学语文教学有效性，教师需要创新教学方式，将诗歌、小说、戏曲、散文等内容融入现实生活中，教师在教学时可以根据教学内容带领学生进行实践活动，开展诗歌朗诵、戏剧表演、创作体验等活动，使学生能够切身感受不同类型的作品风格，提升学生的文学修养与学习兴趣。

（三）创新与科学发展

创新是民族进步的希望，只有不断创新，才能激励和开发人的创造才能，而人的创造才能的充分发挥，将知识与技能同社会实践紧密结合，最终转化为生产力，推动社会进步与经济繁荣，这已经被无数科学实践所证明。世界上的万事万物都有一定的规律、法则、结构和功能，需要人们通过观察、研究去寻找或认识。创新形态有三种呈现方式。一是发现，发现是使那些已经存在，但过去不为人所了解的事物变得为人所知，给人类增添新的科学知识。例如，原始时代的人们以石投水则沉，投以木则浮，因而发现水有浮力。牛顿因苹果从树上掉下来的事实发现万有引力定律，而且从数学上论证了万有引力定律；他发现潮汐的大小不但同朔望月有关，而且与太阳的引力也有关系。二是发明，发明是根据发现的原理进行制造或运用，产生出一种新的物质或行动。例如，古人发现水有浮力，于是根据这一原理"刳木为舟"（《易·系辞下》），把大木头挖空，造成独木舟，这叫发明。三是革新，革新即变革或改变原有的观念、制度和习俗，提出与前人不同的新思想、新学说、新观点，创立与前人不同的艺术形式等。人类社会是不断发展变化的，为适应这种变化，人们原有的伦理道德、价值观念、政治制度、法律制度、婚姻家庭制度、礼仪制度、生产制度和宗教制度等，也必须随之不断地革新。发现、发明、革新这三种创新形式对社会文化发展变迁也起着极为重要的作用。所以，创新与科学发展有着不可分割的因果联系。科学技术是第一生产力，科教兴国早已成为我国发展的战略目标之一，也是人类物质文明和精神文明发展的必然结果。我们强调教育创新，就是要在学科教学中注入素质教育的有效成分，培养出高科技时代知识经济发展所需要的具有创新意识、创造精神和创造能力的人，充分开发人的潜能，实现人类更高程度的自我解放。

大学语文教育教学是否能发挥出开发人的潜能的作用，取决于教材编写、教学设计、教学过程与教学方法等全过程有无创新举措。例如，使用徐中玉版教材进行教学时，鉴于此教材有注释内容较多的特点，教师可以在教学中增加一些注解提示内容，引导学生对课文的内容结构、人物特点、美学价值等进行分析，以降低自学的难度，逐渐养成良好的自主分析能力，使教学工作达到提高教学效率的目的，推动大学语文教学工作进一步发展。在使用王步高版的教材进行教学设计时，由于这一版本教材的文学评论较为丰富，学生在学习时能够通过文本分析提升对原作的理解程度。为了提高学生的自主分析能力，教师需要增加文本结构艺术特色等内容分析，提高学生对这一类型文本的了解程度，并提高教学有效性。陈洪版大学语文教材中具有大量的插图，能帮助学生直观感受文本内容，教师在对其进行创新教学设计时，可以导入引言、背景、作者简介等内容，使学生进一步提升语文综合能力。

大学语文课程内容较为丰富，包括汉字、词汇、语法、修辞、逻辑等基础理论知识内容，能使学生进一步巩固语文基础知识，并推动教学结构进一步优化。但部分大学语文教材中没有编制单独章节讲解这些内容，虽然学生接受了长期的语文教育，但没有系统学习这一部分内容，势必影响其语文综合能力的提升。为了进一步完善语文教学内容，提高教学有效性，教师需要构建完善的知识系统，并与教材文本内容相融合，避免学生由于知识内容过于枯燥出现学习兴趣不高的问题。例如，在对徐中玉、陈洪版的教材进行创新教学时，需要以文选脚注的形式表达出来，使学生既能够提高自身语文专业能力，又能够完善教材内容。另外，大学语文教学工作具有培养学生创新能力的目标，但部分教师在教学时没有对学生进行引导，导致学生的学习能力没有得到提升，甚至没有满足大学语文教学需求。为了改善这一现状，提高教学有效性，在教学设计时，教师需要丰富实践内容，使学生具有自主思考的时间、自我锻炼的机会，以此提高学生的学习积极性，促进其思维能力不断发展。

二、培养创新意识的意义

（一）科学文化知识学习的需要

由于我国还处在社会主义初级阶段，科学技术水平和民族文化素质还不够，发展教育与科学是文化建设的基础工程，是推动经济和社会发展的决定性因素。在社会经济不断发展的背景下，各个企业的人才招聘标准不断提高，毕业生不仅需要具有良好的专业能力，还需要具备创新意识和较强的语言文字表达能力。随着人们对教育的重视程度不断提高，各高等院校对大学语文学科建设的重视程度也在加深，以推动大学语文教育专业进一步发展。大学语文蕴含着丰富的人文精神，在培养学生的综合素养方面，具有得天独厚的优势。但在大学阶段进行语文教学时，由于部分教师没有制订合理的教学规划，导致教学工作缺乏有效性，为了改善这一现状，使语文教学具有科学文化知识学习的促进效果，教师需要开展语文教学改革工作，为学生合理设计教学策略，使学生能够根据自身实际情况合理进行学习规划，促进大学语文教育进一步发展，发挥出其培养创新意识的意义。但在这一过程中，学生接受过的语文教育存在一定的差异，并且其综合能力也存在高低差别，为了进一步提升大学语文教学科学性，高校需要对教师进行创新意识培养，使其具有教学分析能力，能对教学工作的开展进行分析整理，并按照新的目标进行教学设计，走出传统模式，适应新时代的新要求。

设计科学而合理的教学形式能提升课堂教学有效性。例如，在教学之前，教师先对学生的语文学习情况进行分析，针对古文基础薄弱的学生进行教学时可打破古文比重大的局面，消除他们看不懂、听不懂的问题，重新调整教材内容比重，增加教材中的民俗、艺术等内容，以提升教学内容的现代感与现实感，进一步提升教学的有效性，使教学工作能够满足学生科学知识文化学习的需求。

大学语文具有提高学生语文综合能力的意义，在教学中，由于部分学生的语文表达能力较低，教师需要进行语文教学创新设计工作，选用经典篇目，加强阅读指导，强化实践锻炼，注重说写练习。教师可采用教师示范、名家指点、深入社会自我锻炼等方式，增强学生的语感能力，让学生在学习中锻炼，在锻炼中提高，促进大学语文教学与生活实践的有机结合。同时，要改变教学内容单调、教学观念落后的问题，教师需要按照以人为本的理念进行教学，了解学生的学习现状、学习需求等个体差异，合理设计教学内容与方式，使学生能够发挥出主体性优势，进一步提高综合能力。另外，由于语文教学的优势是形象思维，与现实生活有一定的联系，在教学的过程中，教师需要加大引导力度，培养学生丰富的想象力，使其形成发散性思维和问题意识，提高学生的理解能力和深度思考问题的理性意识，进一步提高教学质量与教学效率。

（二）现代信息技术发展的需要

信息技术是当今世界科学技术领域最活跃、最迅速、最有影响力的因素之一。

信息技术的飞速发展，不仅深刻地影响着人类的生活方式和工作方式，而且深刻地改变着人类教育方式、学习方式乃至思维方式。联合国教科文组织《学会生存》一书中指出：教育技术绝不是强加于传统课堂教学的一堆仪器，而是开展教育研究、变革教育思想、实现教育最优化的根本变革。我国教育部在"全国中小学信息技术"教育工作会议上也提出：在学科课程的教学中广泛应用信息技术手段，把信息技术教育融合到其他学科学习中，让信息技术真正成为学生学习的认知工具，探索信息技术教育与学科课程整合的方法、模式和规律。信息技术教育与语文课程整合是新课程理念的要求。但在大学的语文教学实践中，却过分看重教师的讲授与分析，教师是课堂教学的主宰和知识的灌输者，而不是课堂教学的组织者、指导者和学生建构意义的帮助者、促进者，以课文的分析代替学生学习语言的现象比比皆是。如何改变这一现状，充分激发学生的主动意识和进取精神，倡导自主、合作、探究的学习方式，是当下亟待探索的问题，这就必然要研究信息技术与语文课程的整合。当今信息技术的飞速发展对教育的影响不仅表现在新的技术和手段的运用上，还表现在给教育的发展带来更新的理念和动力，使教育内容、方法和模式发生深刻变革上。因此，在大学语文教学中，教育信息化的关键在于将信息技术融入语文教育教学的全过程，运用现代信息技术手段逐步改变原有的大学语文教育教学过程与模式，实现大学语文课堂教学以知识传授为主的教学方式向以能力素质培养为主的教学方式的转变，并根据社会发展需要和学习者自身的不同需求，借助现代信息技术手段在全球范围内选择优质的教育资源，进一步突破传统教学活动的时空限制，提升教育教学的效率与质量。这一变革的过程就是信息技术与教育教学融合的过程，只有融合才能体现出信息技术对教育改革与发展的作用，这才是教育信息化的本质。

高校为了满足教学需要在教学中广泛运用信息技术对教学内容进行科学设计，将教学内容进行延伸，发挥出教学的表演性、实践性和直观性优势，使教学内容更加优化，知识的传授方式更加多样化，容量更大，直观性更强，效果更明显，充分显示出现代化信息技术强大的生命力。例如，大学语文教学中教师可以在教授小说类文本时，开展小组情景表演活动，教师在其中对学生进行指导，帮助学生感悟人物内心情感，提高学生的语文综合能力。另外，在开展比赛活动的过程中，还可以开展小组赛，提高学生的合作能力，发挥出现代信息技术的教学优势。但部分理科学生对这一教学工作的参与度较低，为了引导其提高综合能力，并提高学生参与活动的积极性，教师可以与学校社团合作，定期开展汇报演出活动，不断提高学生语言表达能力与社会交际能力，培养学生的语文综合素养，为其之后的学习工作奠定良好的基础。

大学语文教学的目标之一是培养学生的自主学习能力，为了能够在这一过程中发挥出现代信息技术的优势，教师不仅需要进行语言综合训练，还需要进行学习方法的指导，进而引入先进技术，带领学生学习语文课程，使学生能够感受到语文学习的魅力，进一步提高学生的学习兴趣，并在学习之后养成自主学习的习惯，达到由知识灌输的对象和外部刺激的被动接受者，转变为信息加工的主体、知识意义的主动建构者和情感体验与培育的主体的教学目的。在这一过程中，高校可以构建智能学习系统，并由教师定期上传教学视频，学生可以根据自身的语文综合能力进行学习，进一步提高教学有效性。另外，在这一过程中，由于部分学生的学习兴趣不高，为了能够进一步提升教学有效性，教师需要根据学生的学习能力、学习现状来制作视频、设计教学形式，进一步提升教学有效性。

现代信息技术与教育教学的深度融合是永无止境的，信息技术的不断革新必然会给教育教学的改革创新带来不竭的动力和条件，教育教学的不断革新也必将对信息技术的发展提出新的要求。促进信息技术在教育教学中的应用，特别是在大学语文教学中的应用，使学习者学习方式便捷化、学习支持个性化，从而获得高质量的学习结果，是学科教学与信息技术深度融合的意义，也是教育信息化发展的方向和本质，而且具有无限的发展潜力，是教育信息化的希望所在。

（三）新时代社会职业发展的需要

新时代对职业人才的要求越来越高，一个适应现代社会需要的高素质人才应该是具备较高的品德素质、知识素质、能力素质与身心素质的人才。就能力而言，概括起来包括信息收集分析能力、综合预测能力、科学判断能力、想象创造能力、研究思辨能力、协调沟通能力、交际应变能力、语言表达能力等。其中的很多能力都与创新思维密切相关。在社会经济不断发展的背景下，社会的职业要求标准进一步提升。大学阶段的学生即将步入社会，为了使其能够满足新时代社会职业发展的需求，尤其需要提高其语文综合素养。为了达到这个目标，教师需要在教学之前增强创新意识，实施创新举措，合理选择教材，丰富教学内容，创新教学方法。例如，教师可以定期对学生的综合能力进行考察，并在不同阶段选择不同难度的教学内容，逐渐提高学生的综合能力。在选择文本内容时，需要综合考虑文章的复杂程度，保障其在满足教学大纲需求的同时，提高学生的综合能力。在丰富教学内容时，可以将教材中的内容根据适用程度进行分类，将不同教材进行融合整理，并在教材中适当添加与现代社会生活相关的内容，如小说、外文等类型的文本，提高教材内容的合理性。另外，为了提高学生的综合素养，培养其自学能力，使其能够满足新时代社会职业发展的需要，可以定期开展讲座活动。例如，高校可以聘请语文教育专家，为学生讲解学习方法、语文学习的重要性，并进行语文教学，带领学生进行课堂互动，提高学生的学习兴趣，促进学生进一步提高语文综合能力。在这一过程中，教师可以定期进行语文知识考查，了解学生语文成绩变化情况，并为学生进行适当的辅导，帮助其提高语文学习积极性，满足新时代社会职业发展的需要。

大学语文教学对学生的道德素养有一定的影响，但部分语文教材缺乏特色，难以满足学生的发展需求，为了改善这一现状，教师需要加强语文教材编写特色，把那些闪耀着思想光辉、体现人类智慧的高水平经典作品入编教材，以培养学生的创新意识与创造精神。在语文知识传授过程中，教师需要先根据学生的学习情况、教学需求创设教学模块，使各个部分内容既有联系又不互相冲突，通过这样的方法设计出的教学内容能够满足学生的学习需求，并进一步提高学生的综合能力。另外，教师在教学中需要与学生构建良好的关系，了解学生学习中存在的问题，为学生提供相关教学帮助，并带领学生进行教学活动，提高学生的参与积极性，发挥出创新教学的优势，使其逐渐养成自主学习能力，并提高教学效率。

语文学科是培养学生正确理解与使用祖国语言文字的人文学科，在大学学习语文是非常重要的，它能够使学生形成良好的语文综合素养，但部分学生对这一内容的兴趣不高，语文教学难以发挥出教学的有效性。在教学中为了培养学生的语文学习兴趣，教师需要进行创新，与学生在课堂上建立互动模式，调动学生的学习兴趣，使学生进一步提高学习能力，并满足新时代社会职业发展的需要。另外，教师应该重视培养学生的语文基础知识掌握能力，引导学生自主分析文本内容，这样才能帮助学生提高语文能力，提高学生在课堂上的学习效率，才能提高学生语文成绩，为之后的学习工作奠定基础。

（四）创新型人才培养的需要

创新型人才培养是大学语文教育的主要目标。所谓创新型人才，就是具有创新精神和创新能力的人才，通常表现出灵活、开放、好奇的个性，具有精力充沛、坚持不懈、注意力集中、想象力丰富以及富于冒险精神等特征。大学语文教育进行创新意识培养是一项有别于中学语文教育的系统工程，涉及对语文文化的感性认知与理性思维的深层问题，绝不只是语文知识的继续巩固和对文学作品的一般掌握。正因为如此，部分教师在语文教学时，没有意识到大学语文的教育意义，更没有合理设计教学内容，导致教学过程太过随意，内容过于理论化，难以提高学生的综合素养。语文教学创新工作是一项艰辛的创造性活动，教师需要具备全新的教育理念和敢为人先的创新精神，勇于实践，改变教学内容单调、教学手段落后、教学方法陈旧的问题，提高学生的语文综合素养。大学语文教学工作中，虽然教材具有多样性的特点，但为了满足全部学生的喜好，教师还需要根据实际教学情况对教学内容进行创新设计，达到弘扬传统文化、提高学生学习兴趣的目的。在大学语文课堂中，学生能够在教师的引导下发现语文的美，感受语文的魅力。教学创新之后，教师可以根据学生的性格完善语文教学内容，应用因材施教的方法进行教学，使学生得到个性化的发展，进而树立正确的人生观、价值观。另外，在社会经济不断发展的背景下，社会对人才的要求不断提高，为了提升非语文专业学生的语文综合能力，教师需要将培养学生语文审美能力作为教学重点，引导学生分析文本内容中的情感，提高语文欣赏能力。在教学的过程中，教师可以引导学生自主分析文章内涵，并使其逐渐形成良好的自主学习能力，发挥出大学语文教学的意义。

由于大学语文具有提高学生人文素养的意义，在教学时对教材内容进行创新设计，能够使学生形成良好的文字基础能力、语文运用能力、审美感悟能力等，进而达到提升学生人文素养的目的。例如，教师在设计教学内容时可以先对学生的语文综合能力进行分析，合理设计教学体系构架，丰富文本内容，使学生的视野得到扩展，提升学生的语文综合素养，推动学生进一步提高全面发展的能力。

部分教师在对课程内容进行设计时，为了达到培养创新型人才的要求，将课程设置目标与人才培养目标进行结合，帮助学生进一步提高自身综合能力。但在这一过程中，由于学生的语文能力存在差异，为了进一步提高教学的有效性，教师不仅需要按照学生的学习需求设计课程内容，还应按照教学大纲进行安排，并根据教学目标设计教学内容与教学方法。教师的教学能力存在差异，不同的教师在讲解同一内容时，会从不同角度进行课程分析，导致教学工作缺乏合理性。为了改变这一现象，教师需要按照学生个性发展需要进行教学设计，使教学工作具有针对性，满足学生的学习需求与创新型人才培养的需要。

大学语文教学工作开展时间较长，教师在教学中积累了一定的教学经验，为了能够进一步提高教学的有效性，教师需要在教学之前整理教学中常见的问题，并对这一部分内容进行优化改进，推动教学工作进一步发展。另外，在开展教学工作时，由于部分学生的学习积极性不高，教学工作有效性降低，为了改善这一现状，教师需要了解学生的心理，并对教学工作进行优化设计，使大学语文教学满足创新型人才培养的需要。

三、创新意识培养的途径

（一）树立问题意识

问题意识对于很多学生来说都是难能可贵的，问题意识的重要性在于能够有效帮助学生开展一系列的思维创新与拓展。学生在进行语文学习的过程当中，对于语文的兴趣来源有很多，主要是由于语文本身带来的吸引力，也有可能是为了提升自身的综合成绩，无论哪一种原因，在语文的课堂上或者是课下，学生都应该具有问题意识，这样能够有效提升创新意识。

树立问题意识需要从教育对象的实际需要着手，学生首先需要深刻了解问题意识对于语文学习的重要性。问题意识对于学生来说能够有效发挥出学生主体地位的作用。在当前的教育形势之下，学生在教育过程中是否能够被摆放到主体地位上，已经成为检验课堂质量的标准之一，学生接受教育的最终目的是提升自身的能力与素质，而只有保证学生的主体地位才能够真正落实课堂教育的最终目的。学生在大学语文课堂当中摆正自身的态度，认识到自己应有的地位，不能够全凭教师的教诲来开展学习，还要发挥一定的主观能动性，多提问题，善提问题，这样才可以有效提升自身的学习质量以及学习效率。其次，对于教师来说，也应当帮助学生树立问题意识，这样有两个明显的益处，一是能够带动课堂的气氛与节奏，二是能够帮助学生提升课堂知识学习的深度。在开展教学的过程当中，教师需要意识到已经不能够再照搬传统的教育理念以及教育方式，填鸭式的教育无异于将学生推离课堂、推离语文，而只有有效率、有质量、有趣味的课堂才是当下需要的课堂。教师如果不能够带动一节课的气氛，那么这样的环境对于学生来说将不是学习语文知识的动力，而是学习语文的阻碍。教师在开展教学时，需要通过有效的手段来帮助学生不断培养问题意识，让学生敢于思考、敢于提出问题，对于课堂的内容以及书本的知识敢于质疑。

树立问题意识具体有三种方法：一是可以通过教师授课的方法来激发学生学习的求知欲以及对于语文学习的热情。教师授课时，要在整个教学过程中带着丰富饱满的感情，利用大学语文这门学科所拥有的感性色彩以及文学之美，来感染课堂中的学生，给学生在课堂上构建一种感情饱满的情境，学生置身于教师所建立的学习氛围之中，就会激发出自身对于语文学习的新想法和新问题。二是在课堂之中创造学生提问的有效机会，学生提问的动力可能来源于教师对于课堂节奏的把握，教师通过认真备课，将课堂不同的环节进行充分预设，把控课堂的节奏，让学生有充分的时间和机会进行提问，这样也能够有效带动整堂课的自由氛围，培养学生的问题意识。三是学生应当克服课堂提问的恐惧心理和抵触心理，很多学生对于课堂提问的抵触心理来源于中学、小学甚至更早的阶段，而在大学课堂上，学生应该有效克制自己的恐惧，大胆提问，认识到提问不是一件可怕的事，而是一件十分平常的事情。自己在课堂上提出问题，是对自身学习的一种尊重，也是对教师授课工作的一种尊重。

问题带来思考，而寻求问题的答案也是大脑运作的结果，只有在一个充满问题的环境下学习、生活，学生学习的思维和方法才不会僵化。问题意识对于学生或者教师来说都是十分宝贵的，教师必须要保证有效利用各种方式使学生树立问题意识，让学生朝能够主动提出问题、乐于解决问题的方向发展，才能让学生成为一个具有创新意识的人。

（二）培养多向思维

多向思维对于大学语文教学而言，其重要意义在于能够帮助学生从不同的角度、方向乃至层次开展对同一个问题的多向判断。多向思维从本质上讲是一种求异思维最重要的形式，在生活当中我们经常面临的抉择、问题都需要自己寻求解决办法，而在寻求办法与答案的过程当中，如果缺乏活跃的思维，那么就会导致方式的僵化。多向思维对于学生的学习乃至工作所产生的最有益的影响就是在面对一些事务处理和判断时，不会受到固化思维的影响，能够利用更加丰富的思维方式进行思考，产生正确的决策。教师在大学语文的讲授过程当中，对学生开展多向思维的培养，不仅在学生语文学习能力和语文成绩提升方面能够取得良好的效果，更可以使学生在未来的工作和生活当中能够有效面对各种问题的挑战。多向思维的培养也离不开创新意识，只有具有多向思维的能力，才能够真正实现一个人思想上的创新。

在大学语文的教育过程当中，培养多向思维需要注重的是知识层面的沟通。大学语文课程的内容丰富，无论是古代文学还是现代文学，都具有自身独特的魅力与特点。教师在向学生传授语文知识的过程当中，也需要注重不同知识内容之间的联系和沟通。在教学中培养学生多向思维的主要目的就是帮助学生开拓思考的方式以及方向。从大学语文的教学对象来看，学生普遍已经具有一定的语文基础和文学素养，这种情况下教师就需要利用学生已经具备的能力以及这个年龄阶段较为成熟稳重的特点，来帮助学生进行多向思维的训练与指导。在不同课时内学习的语文知识并不是完全独立的内容，它们共同存在于语文的知识框架之内，构成了完整的语文知识脉络。教师在授课的过程中要将课程的内容转化为知识链，帮助学生沿着一个正确的方向不断探索，并在探索的过程当中将不同的知识串联起来，从形象思维、经验思维以及逻辑思维等多个层面帮助学生将学习的内容转化为自身的思考。

例如，在现当代的文学作品讲解过程当中，对于一些近代表达国仇家恨的作品，学生应该能够结合作品的时代背景开展针对当下社会现象的反思，这能够有效地帮助学生进行多向的思考。培养多向思维的手段要立足于实践并且拥有正确的价值导向，多向思维从一定程度上讲和学生的想象能力以及结合能力都有联系。在应试教育的环境之下，学生拥有的想象力常常会受到一些"标准答案"的限制，导致自身的想法被抑制，多向思维的能力被阻碍，但是在大学阶段，学生要通过教师的指导以及自身的努力，朝着多向思维的方向不断进步，提升自身思考的能力、拓展思考的维度，这样才能够促进创新意识的发展。多向思维培养也是教师教学质量的体现，教师对学生思维的塑造和培养，才是真正的"授之以渔"。

（三）建立批判意识

批判意识对于很多人来说并不陌生，然而在大学语文的创新教育过程当中，教师和学生却很少真正去了解并且重视批判意识，在开展语文教育时，批判意识具有其独特的作用。

批判性思维从本质上讲是对原有思维的改善和反思性表现，批判意识不仅仅是一种思维技能，更是一种思维倾向。在当代高等教育过程当中，培养学生的批判性思维更是重要的目标之一，大学的语文创新教育当然也离不开对于批判意识的培养。在高等教育期间，马克思主义是各项工作以及学习的指导思想，我们所学的马克思主义哲学对生活和学习都会产生十分重要的影响。马克思主义的精髓就在于对于一切事物和思想都带有批判性意味，这种批判性的精神和思想在学习大学语文和讲授大学语文的过程当中都是可以得到体现的。批判意识和马克思主义是不能够分割开来的，缺乏批判意识也就不具有完整的马克思主义的思维思考方式，也缺乏正确的马克思主义哲学世界观指导生活和实践。从文学的角度来讲，很多理论实质上并不具有普适性，在不同的环境之下会产生自身内涵的改变。而且对于文学作品的理解，"一千个人眼里有一千个哈姆雷特"，这是文学作品自身的特点，更是人们思维活跃的表现。

批判意识的形成还受到批判对象的影响，批判的对象影响到批判意识的形态，批判意识的形态分为时代批判意识以及理论批判意识。不同的时代背景会形成不同的文化学术氛围，并且折射到文学作品当中，如古代文学作品的诗、词、歌、赋中常常会有对战争的反映，《垓下之围》就表达出了项羽在垓下的历史情形，所以可以说文学是历史的留声机，更是历史的镜子。在某一固定的时代内对时代问题进行剖析也是批判必做的前期功课，脱离了时代背景，批判就会变得不真实且无法推进人们的认知能力提升。理论本身也是在批判当中不断进行完善的，这样才能够应对各种情境，适用于多样化的时代背景。在大学语文学习的过程当中，理论批判意识可以使学生具有更加锐利的批判武器，使得批判更加具有深度和力量。

真正的批判意识建立并不是一个简单的过程，需要正确的方向以及正确的手段。批判意识需要针对已有的理论和实践提出质疑，并且进行反思和剖析，批判意识的建立需要从三个方面来进行。一是批判的性质，批判意识来源于对既有的理论和实践进行批判，而批判本身也分为真假两种形态，只有真批判才能够体现出批判意识的意义，体现出批判意识给学习带来的价值。真的批判首要的是能够触及本质，而不是从表面进行。批判的对象可能是理论，可能是实践，但是无论性质如何，都离不开对于本质内涵的揭露。二是批判的方向需要经得起考验，批判并不是十分简单并且轻松的活动，浮于形式的批判也只能够作为表面工作。开展真正的批判是需要遵循理性逻辑以及实践逻辑的，如果缺乏对于这两种逻辑的应用，那么就会缺乏方向性以及明确的目的性。三是真批判可以从实践当中寻找到事实依据，立足实践才能够使批判有理可依、有据可循。从历史实践中可知，批判意识在其中往往有十分亮眼的表现。例如，在资本主义社会当中，马克思就针对资产阶级对工人的压榨开展了批判。马克思了解到资本主义的本质就是对于工人阶级的剥削，并且揭示了资本主义社会运行的根本规律，这也使得马克思的批判能够立足于资本主义社会发展建设之上，具有现实的依据，具有充足的说服力。教师在开展教学的过程当中也需要针对学生的批判意识进行培养，例如，针对一篇文章进行解读，教师多用"我认为"来表达对于文章的观点，并且接受学生的疑问和批判，将课堂作为一个言语交流和思维碰撞的平台，保障学生的批判意识不受到限制。

建立和提升批判意识最基础的工作就是掌握大量的理论知识，这样才能够从中获得营养，使其成为批判意识提升的养料。对一个领域开展批判，如果没有扎实深厚的基础，那么就只能产生浮于表面的批判，马克思写出《资本论》批判资本主义社会也是建立在对经济、政治和哲学等方方面面阅读了数以千计的图书的基础上的。批判意识的建立也需要学生投入实践当中，了解、关心现实的社会问题，这样才能够真正地使自己具有丰富的知识储备。而当今国内乃至世界都处于迅速变革发展的时代，这也为批判意识的实践提供了良好的环境。从理论和实践两个方向共同入手，才能够在真正意义上实现在大学语文学习过程当中培养批判意识，才能够真正使学生建立起创新意识。

（四）增强综合判断

从课程的基本概念出发，语文实践活动的目标是实现学生素质的全面优化和全面提高。这个理念从一定角度来看，似乎只要与学生的素质与目标有关的就需要进行学习，但是事实并不然。因为中国教育者注重学生整体素质的提高，最为重要的是从学科的特点出发，没有全能型教师，但是在学科的教学中不能够忽视其综合性。综合语文学习不是一种具体的学习方法，而是与学科课程活动相结合的一门独立课程，它是语言课程的重要组成部分。它强调学科的内外关系，强调学习过程，注重激发学生的创造潜能，以及更好的整合知识的能力，特别有利于培养学生的观察能力、综合表达能力、人际沟通能力、信息收集能力、组织策划能力和团队合作精神。可见，语文综合性学习是一种多元整合，与单一语言知识或技能的单一性有别，它是学生解决自己的学习、生活、自然和社会问题的一种实践活动。语文综合课程必须以语文学科为基础，它必须面向全体学生，使学生能够掌握基本的语文素养，培养对语文的热爱，引导学生正确理解和运用祖国的语言，丰富语言积累，培养语感。可见，语文综合性学习需要从多个角度入手，立足于学生语言素养的形成和发展的途径，而不是对其他科目知识的追求。

语文综合性学习涉及其他学科的内容，但必须是"语文"，不能够脱离学科的本质。学生语文素养的全面提高，是人文精神与学科精神的融合。一些文章涉及许多方面，包括天文学和地理，这是学生自由思考的广阔空间。但是教师应引导学生在多元文化中开展一系列的学习活动，通过学习活动，一方面培养学生收集、筛选和组织信息的能力，提高其口语交际能力和写作能力，另一方面培养学生的科学兴趣、探索科学奥秘的精神。这样，知识和能力的三个方面（方法、情感态度和价值观）自然被考虑进去，对于实现综合培养目标的效果是不言而喻的。语文课程标准强调学生是学习和发展的主体。语文课程必须立足于学生的身心发展和语文学习的特点，注重学生的个体差异和不同的学习需求，关注学生的好奇心，充分激发学生的学习兴趣、进取精神，倡导自主、合作、探究的学习模式。在语文综合性学习中，改变学生的学习方式，培养学生的实践创新精神尤为重要。

综合性学习应重视学生的自主性，注重培养学生的主动性和积极参与精神。教师应该让学生自己设计和组织学习活动，以培养他们自主和独立的学习习惯和能力。事实上，它也是语文教育的一个重要目标。在组织学生进行综合性学习活动的过程中，教师应引导学生仔细观察身边的事物，体验自然、生活、社会等各个方面，力求感受并发现它们。现代社会是一个信息社会，多介质和各种信息的出现，要求人们具备收集信息、交换信息和处理信息的综合能力。过去的语文教学侧重于知识的传授，学生不需要查找所需的信息。在语文综合性学习的过程中，学生需要使用各种手段来获取信息，如访问或实地调查，或在互联网上搜索。在这个过程中，学生收集和处理信息的能力逐渐增强。

（五）丰富审美情感

语文并不是一门简单的工具学科，它具有艺术的特点，在语文教学的过程当中，为了能够有效促进学生的创新意识提升，培养创新能力，从丰富审美情感的角度入手也会取得良好的效果。社会的进步要求现代人具有更高的综合素质和较高的求真、求善、求美的能力，而追求美则是求真求善的统一体。这无疑是培养崇高的审美理想、正确的审美观念、健康的审美情趣、敏锐的美感、明晰的审美鉴赏力和丰富的审美能力的最佳途径，是按照"美的规律"来进行美育的最佳方式。现代教学改革也认为，没有审美能力的人不是全面发展的，但现实的语文教育却让人忧心忡忡：功利主义、语文阅读教学的实用主义、不现实的作文指导等让语文教育失去其价值。这种失衡与教学活动的客观规律背道而驰，因此高校要加快现代汉语教学的发展，以适应社会和时代的需要。从认知的角度出发，缺乏情感使教学的探索受到限制，学生产生了学习倦怠、学习效率低、身心健康受损、个体片面发展等现象，其不良作用越来越严重。因此，作为教学中一个重要的非智力因素，情感，尤其是审美情感，越来越受到现代教学改革者的重视。

语文学科有其独特的个性特征，它是一门将艺术与情感融为一体的学科，具有传播知识和培养审美情感的双重使命。语言教学与审美情感是相辅相成的。首先，语文的本质决定了审美情感已成为语文教学的一个重要特征。这是由语言材料的特点和教学特点所决定的。就听、说的内部语言而言，语言是思维的载体和物质外壳；就外部语言而言，语言是思维存在的形式和表达思维的工具。在汉语中，语文学科充满了思想、精神和文化，充满趣味和美感，它是语言形式的高度应用和语言内容的审美教育。学生在接受外部语言教育的同时，必然受到内在的审美情感教育。其次，语文教学是培养审美情感的最佳途径。语文教学与数学、政治相比，更有利于审美情感教育。这是因为语文教材中有很多审美因素。在语文教学活动中，教师和学生都能获得潜在的情感体验。因此，语文与其他学科的重要区别在于情感，语文教学中始终伴随着审美情感。

语文教学是双面的，不仅要教学生知识和技能，还要让学生了解文章的内容。在过去的语文教学中往往有这样一种现象，一篇文章被分为词、词的形式和意义，如果有一千个段落或层次，则从中心的中心来总结中心思想。从传统的思想出发，我们把教材当作知识的载体，把文学作品分为"知识堆"。这种解体的教学方法使优美的文章教学陷入枯燥、乏味的泥沼之中。这是当前语文课堂中一个现实而严峻的问题，应该引起我们的反思。学生的审美建构大多没有意识。这就是所谓的"内化"方式，即"缓慢、渐进，缺乏理性内容和系统性、创新性"。然而，只有这种"内化"的建构方法是不够的，它还需要另一种"外化"的方式，即外部对象的心理对抗、实践创造的心理行为和外在行为，以及创作结果、审美体验、审美意象和物化新形象。为了丰富和重组原有审美心理结构，自我创造精神和物质的方式、体验和反馈被浓缩为心理结构。简而言之，在自觉的主动审美中创造审美心理结构，创造美。

美育的意义在于通过审美教育培养学生具有认识美、理解美、欣赏美、创造美的能力。语文教科书是一个美丽的世界，绝大多数作品与美有关，它与人的审美息息相关。可以说，汉语是人的精神家园，是人类审美的集中体现。这种情感规律是其他学科无法相比的。今天，素质教育正在促进人的全面发展。美育与语文具有质的统一性。因此，语文教学要用"美"来吸引学生，其目的是在教学中实施美育，没有美育，就是不完整的教育。教育的本质是培养人的道德素质和科学文化素质，促进人的全面发展，最终实现人自身的美化。语文教学中美育的实施也是合乎逻辑的。

第二节 大学语文教学的创新思维

一、创新思维在大学语文教学中的作用

（一）创新思维的含义

"创新"一词起源于拉丁语，包含了更新、创造新事物以及改变这三层含义，创新思维并不是一个近些年才出现的词，这个词在经济领域、学术领域等都十分常见，它指的是利用崭新的角度、方法去解决问题的思维过程，而不是保留常规传统，故步自封。创新的思维在应用方面具有十分广阔的范畴，创新思维的应用包含了事物、方法、元素、环境等多个方面。创新思维是人的大脑接收了外界信息之后进行的一种反应，创新的灵感来源和能力来源也离不开现实社会。在我们生活的这个社会当中，已经存在形形色色的框架体系和事物，但是如果只停留于现状，那么就会无法满足时代的变化，创新思维开展的过程从本质上讲也是社会进步以及人类思维能力提升的表现。

创新思维拥有两个最为主要的特点，一是独创性，二是变通性。独创性指的是创新思维在应用的过程当中会具有与他人不同的特点，每一个人的思维都会有各自的特点，而不是趋同的，在传统的思想根基之上，创新思维展现出了自身独特的魅力。变通性是指在对一个问题或者是事物进行思考的过程当中可以不局限于一个思维角度，而是全方面地去看待问题。针对一个问题进行思考不能仅仅使用一个思路，这种方式无法带来真正的创新思维，利用变通的方式才能够使思维得到开拓，使生活以及学习当中积累的经验应用到多个问题之上。创新思维可以说是人类进步的一种表现，如果没有创新思维，那么人们生产和生活的方式就会一成不变，更加谈不上进步和发展，从人类文明产生开始，创新思维就一直对历史进程起着推动的作用，新的生产方式带来了社会的进步，新的生产关系的出现促使社会从奴隶制走向封建社会再走向资本主义社会，并且朝未来不断发展。创新思维在历史当中所起到的重要作用不仅反映在史实之中，在当代，创新思维也继续发挥着它的作用。例如在学术方面，创新思维推动学术科研不断进步，并且创造对人类、对社会有价值的成果。创新思维在大学语文教育当中也起到了重要

的作用，在学生的语文学习过程当中，也能够发现创新思维的存在，创新思维帮助学生冲破传统学习方式的束缚，从而探索到语文学习更深的奥秘。作为一名教师，首先要努力学习创造性思维理论，掌握创造性思维的观念、基本形式、基本方法和技术训练，强化教学中的使命感和责任感，树立创造性思维；其次要努力学习，充分熟悉教材，利用假期等时间阅读、分析和注释教材，梳理适合创造性思维训练的课程，并从教学目标的确定中引入教学过程的设计、问题的讨论和课堂气氛的调动等内容。

（二）创新思维在大学语文教学中的必要性

大学语文教育并不单单需要提升学生学术方面的能力，还要帮助学生培养创新的思维，使得学生能够有效提升自身的思维水平与能力。大学语文在大学的整体课程规划当中占有十分重要的位置，学生在大学阶段对于文学方面的学习是必不可少的，文学与人生之间总是掺杂着千丝万缕的联系。从小学阶段到大学阶段，对于语文的学习都不应该被忽视，语文作为一门语言和文化的综合学科，在人们的生活工作乃至学习当中都离不开它，语文教学的内容就是帮助学生学习语言文化，帮助学生进行思想的交流。语文教育当中所讲究的听、说、读、写、释等能力，为学生其他学科的学习提供了基础，所以语文被称为工具学科。在大学语文学习的过程当中，学生除了要掌握各项语文基础知识，还要锻炼自己的创新思维。

在大学语文的学习过程当中，创新思维能够有效帮助学生提高语文学习兴趣。大学教育阶段，学生对学习的兴趣经常会受到各种因素的影响，很多学生在经历了高考之后对于学习的态度变得松弛，在大学阶段忽视了认真学习的重要性，进而导致学习质量下降。同样被忽视的还有大学语文的学习，学生在语文课堂学习以及课堂作业完成方面一旦产生消极的态度，就会使得这门科目本身的价值不能够得到有效发挥，同时也是对教育资源的一种浪费。教师要在教学的过程当中通过多种手段培养学生的创新思维，学生自身也需要意识到创新思维对于能力提升的重要性。在课堂上，教师的授课手段仍旧停留在灌输式的教学方法上，这种教育方式对于学生来说无异于是一种单向输出，不能够调动起学生的兴趣，同时还会导致学生对于这门学科失去好奇心和探索心。缺乏创新思维的课堂变成了思想的终结地，没有思想的碰撞与知识的交流，课堂仅仅成了学生的学习生涯当中生硬的形式，丧失了其本身的意义。

创新思维对于大学语文教育的重要性还体现为能够消除历史习俗以及传统文化当中的消极因素对于大学语文教学所产生的不利影响。语文学习的内容涵盖了我国的古代文学、现代文学，丰富的学习内容当中所蕴含的知识种类和数量都十分庞杂，而进行语文学习时，需要注意的一点就是要能够积极面对其中的优秀内容，并且摒弃消极的部分。例如，在学习古代文学的过程当中，创新的思维可以帮助学生吸收其中优秀的部分，而不是将思维固化在传统的文言文、八股文当中，文化是一个时代的见证，也是一段历史的反映，创新思维是提升语文学习质量的推动剂。创新思维在大学语文的学习当中能够有效消除教学模式的封闭、思维模式的僵化等产生的不利影响，帮助学生在立足于书本的同时将眼界扩展到别的方向。

学生在大学语文学习中，不仅仅需要学习各种学术方面的知识与技能，更要建立起自身的思维框架体系。创新思维的培养有助于提升学生自身的思维能力和探索能力。创新思维对于学生来讲也是一种探索学术并映射到自身能力提升上的有益因素，缺乏创新思维的大学语文将无法有效地为学生和教师带来真正的提升，创新思维的匮乏也会导致大学语文教育僵化，停滞不前。大学语文教学效率过低的窘境在当下已经不少见，而这也正是由于教师在教学过程当中对于学生的创新思维缺乏重视以及培养，学生在学习时，教师所传授的应是语文的一部分，更多的内容需要学生自己加以探索和创新，只有这样才能保证语文教育的积极性以及活力，保证学生在经历大学生涯之后可以有效提升自身的语文能力以及对于语文的了解程度。在大学语文学习阶段，教师和学生两个主体需要共同促进创新思维的培养，深刻认识到创新思维对于大学语文教学的重要性。智慧的火花在发现问题和提出问题时常常闪闪发光。牛顿发现了万有引力、瓦特发明了蒸汽机，这些都来自质疑。显然，勇于发现问题和提出问题是所有优秀人才必备的素质。提问往往比解决问题更重要，因此我们需要唤起学生的好奇心，帮助学生找到学习的关键，这是创新的起点。提问是一种从已知到未知的心理表达，它是创新意识的具体体现。在教学中，教师应注重引导学生在实践中学习提问的基本方法。

（三）创新思维在大学语文教学中的职能

创新思维在大学语文教学当中的职能体现在了多个方面，一是体现在了语文教学的德育职能方面。大学生在大学期间进行学习时，德育是十分重要的一个部分，大学语文课程针对学生对于世界的认知和了解程度进行了深化，德育在大学语文当中所扮演的角色也是不可或缺的。德育从广义上讲是针对社会成员开展有目的的道德影响和道德教育，但是就学校而言，学校的德育主要是指教育者有目的地对受教育者开展思想、政治以及道德等方面的教育。在大学语文学习的过程中，德育成为最关键的部分之一，离不开对教育内容的规划。我国的教育事业发展伴随着社会的进步也在不断进步，并且在德育的推广和延伸上也取得了一定的成绩。无论在学习的哪一个阶段，缺乏德育教育，对学生来说都会无法培养出健全的人格和良好的品质。就德育工作的发展现状来说，我国的德育工作已经取得了一定的成绩，并且在迈向更好的发展阶段，但是如何提升德育的质量以及更好更有效地开展德育工作，离不开创新思维的培养以及应用。大学语文必须坚持的就是德育为先，而创新思维和德育之间的关系也是密不可分的。创新思维在大学语文教学当中发挥出的德育职能，能够有效提升学生对于自身道德修养和各种责任意识的认知，并且帮助教师开展有效的教学活动。大学语文的教学内容能够充分体现出德育的内涵，语文教材当中的各种文章，或是饱含忧国忧民思想的诗词，或是慷慨激昂催人奋进的现代文，或是记录了传统美德的故事，都能够为大学生带来感悟。教师通过讲授可以立足于语文教育的基础，帮助学生利用创新的思维去看待学习的内容，使学生能够有效结合创新思维提升自身的文化修养。学生在教师的帮助下，也将文学作品当中的内涵进行了升华，从而锻炼了自身已有的创新思维，实现了更加重要的价值。创新思维还能帮助学生提升自身的交际能力，这也是创新思维在大学语文当中的重要职能之一。大学语文是一门工具学科，语文的学习离不开其在生活当中的应用，没有应用的语文也就不能够体现出实用的价值。在语文学习和应用的过程当中，教师与学生结合创新思维，才能够有效地提升自身的交际能力。例如，在生活和工作当中，各种格式的信件、文件的书写，都离不开语文的基础知识，同时写作者也必须具有一定的创新思维，才不会让书写的内容和格式传统老套，这也是在工作当中凸显自身能力的一个要素。创新思维在应用的过程中，发挥出了其在帮助学生提升交际能力方面的重要职能。

创新思维还能够有效帮助学生获得多元的文化思维。文化的领域是浩瀚无垠的，只有拥有多元的思维以及广阔的眼界才能够真正地成为一个具有内涵和深度的人。语文学习的过程是一个积累经验、巩固基础同时也需要提升自身创新意识的过程，学生在教师的辅导下提升自身的创新意识，这样才能够拥有广阔的眼界，自身对于语文的理解以及兴趣才不会仅仅局限在书本当中，而是将目光转向广阔的领域。语文学习仅仅是文学领域的一部分探索，而真正的文学和知识领域则需要学生使用创新意识和探索精神不断挖掘。

二、大学语文教学创新思维的培养策略

（一）培养语言想象思维

想象对于学习来说，无异于为到终点开辟了多种新的道路，想象思维的培养也是大学语文教学当中培养创新思维的有效手段。爱因斯坦曾经说过："想象力比知识更重要，因为知识是有限的，而想象力概括这世界上的一切，并且推动着发展，是知识进化的源泉。"由此可见，想象思维对于创新思维的培养乃至对于整个大学语文的学习具有多么重要的意义，因此大学语文学习也必然离不开想象思维的认知、构建以及应用。教师只有转变观念，在语文教学的各个方面贯彻启发式原则，培养学生的想象力，才能真正贯彻素质教育的精神，提高语文教学的质量，培养创造性人才。想象是在头脑中创造新事物的过程，或是根据口头语言或文字的描述形成相应事物的形象。它是人类最基本的心理活动，是在原有感性意象的基础上创造新形象的心理过程。在生活的实践中，人们可以回忆过去不在眼前但又经历过的事情，并能够形成自己从未经历过的事物的新形象，在其他人的描述基础上，根据自己现有的知识和经验利用语言或文字描述形成相应事物的图像。

想象力是我们的固有能力。可以说，想象力在我们的头脑中建立了"另一个世界"。我们想象另一种可能的历史，想象乌托邦的道德社会，我们沉浸在幻想的艺术中，我们回顾过去所做的事情，同时我们仍在想象未来可能会发生的事情，如宫崎骏和沃尔特（Walt），如皮克斯工作室的人想象的空间，他们实际上是根据他们的日常经验创造一系列经典作品。这种对于想象力的十分机械化的理解最近也得到了心理学上的计算机模块理论的印证，根据这个理论，人类的思考是有固定的程式的。比如，《艺术直觉》一书中主张，风景画之所以受人喜欢，就是因

为它激发了我们身体中原始的探索远方的本能，我们的祖先因为不得不躲避威胁、寻找资源而培养了这种地域探索的能力。这是当代演化心理学中的主流观点，与很多艺术家、工程师对富有创意的想象力的理解迥然不同。同理，在语文学习的过程当中，想象力的地位也是十分重要的，如果缺乏想象的思维，那么语文对一个人来说就成为死板恪守的印象，语文的美感以及其散发的独特魅力就会无法为人所知。例如，在历史的长河之中，语文想象力的作用发挥得淋漓尽致，例如在我国历史当中的神话故事创作里，想象思维就起到了很大的作用，神话故事当中的各种人物、情节，无一不来自劳动人民丰富的想象，并且构建出了一个完整而又神圣的东方世界。仅以我国四大名著之一的《西游记》为例，它通过神奇的想象逼真地再现了唐僧取经路上的磨难与艰辛，还有天宫与地狱的神奇魔怪，把人的精神世界展示得淋漓尽致，显示出文学的无穷魅力。

想象思维本身其实并不是一个遥远陌生的概念，它存在于我们的身边，并且在很长时间内都影响着我们的生活。想象力是一个人从小就已经具备的能力，例如，孩子看天上的云朵，会结合形状来猜测各种各样的事物，将云朵和生活当中的事物结合起来，这就是想象力的应用和迸发。小至儿童玩具，大至飞机、轮船的发明，这些都离不开想象思维的作用，想象思维对于创新思维来说必不可少并且十分重要。想象思维是建立在人对于现实的基础认知以及自身的想象能力应用之上的，因此在大学语文的学习当中，学生如果想要培养创新思维，也需要从想象思维的方面着手，这样可以帮助其在很大程度上拥有更高的思维创新能力。语言想象思维必须要保证学生可以拥有对于周边事物的感知，帮助其进行语文的思维拓展，这样不仅能够提升语文学习的能力，还能够有效帮助自身拥有更加深厚并且有效的想象能力。

（二）培养文学联想思维

文学拒绝直接表达理性思维，文学不需要判断和推理。无论是接触场景还是观察、思考事物，发人深省还是突然开悟，都要看具体情况。对象的形象客观存在，它一旦被人们感知，就会给人以感觉和思想，客体形象不再是客观的，它成为情感和思维的文学形象。对象之间没有逻辑连接，没有逻辑上的联系，物体之间的关系是物理的和自然的，图像是非逻辑连接。这种非逻辑的联系整合了人类的情感，表达了人们的灵感和洞察力。联想思维的非逻辑性，只是不符合生活表面的逻辑，其正是事物与情感的深层联系，所以显得合情合理。我国台湾诗人余光中运用联想思维把乡愁与邮票、船票、矮矮的坟墓等系列意象组合起来，联想奇特，但合情合理，把乡愁这一人类普通的情感表达得深刻而沉重，尤其最后一句："乡愁是一方矮矮的坟墓，我在外头，母亲在里头……①"

　　文学创作依赖联想思维传达情感和意义，与逻辑推理、逻辑论证和逻辑判断相比较，简洁明了。联想思维的影响不是说服，而是感染，它比理性的说服和论证更强大、更长久。当一个作家开始写作时，他常常觉得自己没什么可写的，其中一个重要的原因是视野不够宽，无法写作，缺乏联想思维导致文学创作过程受阻。传统的写作理论往往认为作家的生命积累和阅读积累是不够的。笔者认为，作为一个有一定人生阅历和阅读经验的成年人，积累了丰富的知识和人生经验，仍然有上述写作困境的原因应该是思维不够活跃。因此，加强对发散联想的训练，可以拓宽视野、拓展思维，充分调动写作中知识和经验的积累和记忆，进行多向、多角度、多层次的联想，并举一反三，由一个编撰新颖的主题，引出一篇全心全意的文章。根据文章类型的不同，可以运用不同的发散联想来挖掘材料和情节，并进行良好的思维品质训练。一是使用发散联想。虽然发散联想有助于人们突破思维的枷锁，提炼新思想和新思想的主体，还可以培养思维的独立性和批判性，但要使这种思维训练和写作应用达到理想的效果，我们也应该注意实事求是等问题，这就意味着我们的思想应从实际出发，尊重事实，尊重事物发展的客观规律，不能因为求新而使结论偏离客观真理和客观规律。二是运用辩证思维，青年人更倾向于片面地看待问题，因为他们的生活经验有限，思维简单。三是善于比较分析，即在分析、比较、认同和选择的同时，或以同样的方式寻求相同的观点，或找到最好的观点，写文章时如果将思维局限在了一个方面，无法有效发散，就会造成文章内容的僵化。

　　隐喻是联想思维中相似联想的体现，对比修辞是联想思维中对立联想的体现。根据这种认识，学生的语言表达能力和思维能力在经过一定的训练后将有所提高，这正是因为想象在写作中起着重要的作用。在作文训练中，培养学生的理性想象力是非常重要的。文章中反映的客观事物，一般是来源于生活的现实，并在此基

---

　　① 余光中.风筝怨[M].南京：江苏凤凰文艺出版社，2017：41.

础上被升华。文章是客观事物在客观思维中的反映，即作者观察客观事物，通过思维思考，然后以语言的恰当形式表达客观事物。阅读教学是通过对文本语言文字的分析，引导学生想象文字所表达的客观事物，并在头脑中出现新的形象。我们不仅要学生想象生活中的文章，还要想象文章中的生命最初的样子；我们不仅要学生想象文章中反映的客观事物，还要想象作者展现作者对事物的整个思维过程；我们不仅要学生想象作者直接看到的东西，还要引导学生想象作者的想象力。学生从创作的角度理解作者写作过程的想象过程，知道如何想象，这才是大学语文教育所追求的目标之一。

（三）培养写作多元思维

通过思维过程，人们大脑中的认知过程突然发生变化，从而导致多元思维的产生。在这个过程中，思维的深度在于深入思考，把握事物的规律和本质。我们通过事物的表面现象了解事物的本质和事物之间的本质关系。只有这样，我们才能真正理解事物。因此，培养学生的深层思维有着重要的意义。培养学生思维的关键是采取措施，使学生的思维从外到内、循序渐进地发展。这就要求教师的教学措施要以思维的深度为导向。因为学生没有进入社会，他们的生活经验是有限的，有时他们看不到问题。普遍接受理论体现了实践检验的普遍性和科学性，它是人们理解事物的思想武器，有助于人们理解事物的本质。因此，在语文中，我们不仅要教会学生使用一般公认的理论来理解、想象事物，还应该对学生进行多方向训练，培养写作多元思维。所谓多方向训练，就是培养学生多方位、多角度、多层次地思考问题，寻求对问题的正确认识，寻求各种正确的解决问题的方法。多向思维训练的目的是培养学生在短时间内产生各种正确思维的能力。思维的敏捷性与判断事物的决定性密切相关。敏捷性的前提是果断性，犹豫不决，甚至想到问题的时候不敢说，这是不灵活的。在教学过程中，教师要有意识地培养学生的决断力。因此，我们不妨改变学生回答问题的方式，一般情况下，教师首先提出问题，留出一些时间让学生思考，学生在基本了解问题并产生了自己的想法之后，举手回答问题；然后老师点名，学生回答。这样，问题和答案之间就有了更大的灵活性，学生也有了缓冲过程。如果学生想回答，那么就可以思考并举手；如果学生不想回答，也可以慢慢地思考；如果想不起来，也没关系。为了培养学生的思维能力，从而逐渐培养学生的思维敏捷性，答案的形式可以变成：一些学生站起来准备回答，然后老师突然抛出一个问题，让学生立即回答，看谁回答得快而准确。这种问答的方式是一个快速的过程，学生的思维敏捷性可以得到充分训练。

（四）培养艺术鉴赏思维

欣赏本质上是一种审美能力，在发展的过程当中人们产生了不同的审美情感，并且主要表现在对美的理解和评价上，接触某种生活中的美好事物的形式和内容都会对人的艺术鉴赏思维产生触动。美学思想的思维观一旦触及事物的形式和内容，审美环境就会激活审美思维，每个链接和元素都应该在交互评价中进行。因此，就语文阅读教学而言，描绘审美主体的艺术形象能力至少应包含两个方面。一是欣赏审美主体的审美形象。欣赏主体应具备把握艺术美的整体魅力的能力。其实，欣赏过去积累的生活经验和情感体验，最终实现了情感的认同，是一种新的整合，进而创造审美和美感的思维、美感和审美理解的"发现"。二是审美愉悦与审美理想相联系，使艺术在艺术的形象中成为审美思维的表达。实践证明，升华只是一种新的审美意象，它已成为审美思维的新体验和组合，它在审美主体的头脑中有完整体验。可见，审美思维是艺术形象的快速特征。艺术形象可以为观察和改造审美形象提供催化剂，可以唤起人们对审美体验和理解的想象空间。由此可见，培养学生审美思维的关键在于增强学生对新的审美思维的积累和鉴赏能力。通过学习与探索，我们获得了具有自身特色的思维方式，并且在结合了创新的精神之后，往往可以针对一些文章、作品产生不同的见解。只有保证了艺术鉴赏思维的创新性，才能够有效促进艺术鉴赏的发展。

（五）培养逻辑思维

与学生逻辑思维能力培养的丰富的研究成果相比，目前有关语文课堂上大学生逻辑思维能力培养的研究相对较少。在语文教学中，学生进行最基本的听、说、读、写训练，这是由语言能力和思维能力决定的。因此，语文教学中应重视语言和思维训练。要体现语言的核心作用，关键在于处理好语言的训练和思维训练之间的关系。就一般要求而言，教师必须防止语言训练与思维训练分离，有必要有机地结合这两种训练。

要将语言训练与思维训练相结合的原因在于，学生的思维集中于语言的发展。例如，学生作文中单词或句子使用不当的问题是形式上的语言问题，同时也是内容思维的问题。一个学生不能正确理解和应用这个概念，就不能对事物作出逻辑判断。事实证明，学生的语言能力和思维发展是相互依存的，离开思维单纯的发展语言是不可能的，脱离语言单纯的进行思维训练也是不可取的。如果我们不重视思维训练，学生不仅会受到思维的限制，而且语言的发展也会是不健全的。因此，教师在语言训练中应做好思维训练，并将两者有机地结合起来。

思维训练在语文教学领域中非常普遍，并不少见。问题在于，这种教学活动自觉和不自觉地发挥着不同的作用。在课堂上做思维训练活动时，教师要有意识地根据教材和学生的实际情况，适当地传授思想知识和一些思维方式，并保证学生可以将这些思想和思维方式应用到自身的学习实践当中。不难看出，作为一名语文教师，在语文教学过程中具有思维训练的意识是非常重要的。运用逻辑知识提取学生积极的逻辑思维，是提高作文教学质量的重要途径。我们应该把握学生的思维"火候"。也就是说，如果学生在掌握基本的逻辑和常识的基础上和他们的老师有共同语言，他们就能得到"心对心"的效果。

总之，逻辑思维不同于直觉思维和形象思维，它可以直接形成灵感和顿悟，它是创造性思维过程中不可缺少的思维形式。逻辑思维能力是学好语文和其他学科必不可少的重要能力，在语文教学中必须注重对学生这一基本能力的培养，促进学生综合语文素养的提升。语文是一门实践性很强的学科，逻辑思维能力的培养应贯穿在语文教学的全过程。把逻辑常识渗透到语文教学的各个环节，逐步普及学生的逻辑常识。在听、说、读、写中融入逻辑常识，帮助学生理解自己的思维规律，学会正确运用自己的思维规则。

三、营造创新思维环境

（一）营造民主教学气氛

在大学语文教学中，最好的办法是避免应用只解释段落、中心思想、词汇等僵化的知识，而忽视学生的感受的教学方法。因此，调动课堂气氛，创新教学内容，增加生活实例分析，结合学生生活实际，是提高学生兴趣的重要途径。

例如，在解读柳永的《少年游·参差烟树灞陵桥》这首词时，首先，教师可以介绍一些灞桥的历史，引导学生去感受河两岸的青柳烟雾，使学生有更深刻、更身临其境的感觉。其次，让学生通过小组讨论参与课堂互动，提高学生的分析能力和团队合作能力，调动大学语文的课堂气氛；学生是学习的主体，教师是学生学习的指导者和促进者，教师应引导他们阅读、讨论和发言，让他们积极参与、交流、合作，开展小组活动，让学生参与课堂，消除课堂上"灌水"的现象。学生积极的参与课堂讨论，不仅可以调动课堂氛围，也能在讨论交流中碰撞出思维的火花。因此，学生可以以小组划分和小组讨论的形式参与课堂，讨论文学现象、作者的思想和文章风格。再次，每个小组选出代表来展示小组讨论的结果，教师根据实际情况实施奖励积分措施。最后，师生互动有助于营造民主的课堂气氛，是构建新型师生关系的重要步骤。教师在教学过程中要保持微笑、和蔼可亲，应该自然、大方、冷静，随时与学生保持目光接触，以真情实感感染学生，营造和谐的教学氛围，积极与学生交流，真正实现师生互动。教师还可以根据课程的需要安排辩论、演讲比赛和诗歌朗诵，教师也参与其中，作为参与者或评委的一部分，激发学生参与的积极性，锻炼他们的口语能力，提高他们对大学语言学习的兴趣。

经过大学语文课堂气氛的一些尝试性改革，学生对大学语文学习的兴趣有了很大的提高，学习的自觉性也有了很大的提升，不再是以往的完全被动式学习。大多数学生可以从课堂实践中欣赏诗歌、文字、文章等作品。学习汉语，写作实践是必不可少的。评价优秀学生作品无疑是调动大学语文课堂气氛的又一法宝，在学生的作品被评价之后，学生能够更加清楚地认识到自身的不足与优势，因此可以有效地对自身能力开展针对性提升。教学活动结束后，教师可以要求学生模仿教学内容或部分评价内容进行相应的写作练习，巩固学生的写作能力。比如，在唐诗和宋词的教学中，指导学生模仿自己喜爱的诗人的写作风格，在课堂上创作新的作品，在下一堂课上展示优秀的作品。课堂上拥有的良好训练氛围，也成了提升学生自主学习意识的重要因素。改革的有效之处在于提高了学生的写作能力，从学生的考试反馈来看，经过几次调动课堂气氛的尝试，他们对自己的学习更加自信。例如，在学习优秀的诗歌、文章之后，学生可以根据自己的兴趣创作诗歌。一些学生对小说更感兴趣，教师就应该开展小说专题学习与讨论活动，引导他们自己"试水"，进行小说创作。总之，良好和谐的课堂气氛是对美的一种享受。调动语文课堂气氛的新尝试，如小组讨论、师生互动、课堂展示等，可以使学生和教师建立良好的课堂关系，调动学生学习语文的积极性，提高他们的写作能力。

（二）开展语文沙龙活动

沙龙活动原指在上层人物的客厅当中开展一些文化和艺术的交流活动，欣赏艺术作品，但是这个概念在发展的过程当中也逐渐拥有了新的内涵。语文沙龙活动可以"上课—说课—评课—讲座"的顺序进行，每位教师积极参加听课、评课活动，切实解决好课改中遇到的疑难问题。为了提高沙龙活动的实效性，可以邀请一些具有一定经验的教师参加。语文沙龙的目的是有效提升学生的语文学习能力，在教师指导之下学生能够体现出创新的思维，为创新思维打造一个交流和发展的良好平台。在语文沙龙活动当中，仍需要注意的一点就是要保证学生在沙龙当中的主体地位，学生不同于教师，教师具有丰富的经验以及阅历，学生由于没有进入社会，对于一些事物的认知较为浅显，往往会在沙龙当中表现出不自信和害怕，这时就需要教师帮助学生克服恐惧的心理，并且帮助学生大胆说出心中所想，帮助一个班级甚至是一个专业内部的学生开展有效的交流。文化沙龙除了对于学生能力的提升有帮助外，对于良好学习氛围的构建也有十分重要的意义。学生参与文化沙龙时进行思维的碰撞，创新思维得到了更加广阔的探索空间，并且可以和其他人畅快交流，这样一来也更加便于学生在思维的高度上得到提升，而且良好的氛围同时也能够带动一个专业、一个学校内部的学生的学习积极性上涨。饱满的激情能帮助学生在知识的海洋当中探索与遨游，在已有的学习基础上与他人进行思想的碰撞，产生新的火花。学生学习并不是一个封闭的过程，利用文化沙龙的形式能够真正地促使学生进行创新思维的应用，创新思维在交流和融合当中得到发展，而学生自身的能力也在其中不断地增强，这样才能够真正体现出创新思维对于大学语文教育的重要作用，教师也能够更加有效地发挥出自身的指导作用，帮助学生成为学习活动的主体，帮助学生培养创新思维、塑造健全人格，提升自身对于语文教学的深刻认知，同时也能加深学生和教师之间的关系。

（三）创办文学社团

校园文学社团是高校学生会和宣传部共同组织和管理的社团组织。它具有较强的组织能力，能将那些对文学创作感兴趣的学生有秩序的组织到一起，通过读书、交流、欣赏文艺作品等，发现文学之美，提高文学素养，培养学生的写作创作能力。

校园文学社团也是发展校园文学，弘扬中华文化的地方，是拓宽素质教育的重要载体，它以其独有的形式，架起了语文教育与语文能力之间的桥梁。通过开展一系列内容丰富、形式多样、健康向上的文学社团活动，发挥文学社团的特殊教育功能，能有效地拓展学生语文学习的空间，挖掘语文学习资源，增加语文实践的机会，是培养学生综合语文能力的重要途径。这是其他任何方式不可替代的作用。社团活动的重要价值是促进学生素质的形成。学校文学社团的建立，可以为学生创造良好的创作氛围，激发学生的创作兴趣，提高学生的创新能力，有利于推进素质教育和创新教育。它可以为学生个性特征的发展提供广阔的舞台和空间，还可以培养学生的创新意识和创新能力，提高学生的写作能力和审美能力。学生竞争越来越激烈，因此会有更多的学生利用各种有形和无形的方式来提升自身的能力。如果因为学生的学习不好，很多考试没及格，导致教师对于学生的评价不高，那么教师首先应该对学生进行一个客观性的综合评价，保证除了成绩外还能够考查其他部分。例如，学生在文学社团组织活动中的表现。创办文学社团组织，是帮助教师更加了解学生的一种重要手段。

（四）自办语文学习报刊

哈佛大学前校长艾略特（Eliot）说："如果一个人养成每天读书几分钟的习惯，那么 20 年后，他的思想就会大大改善。"因此，我们应该善于引导学生拓展课外阅读。学生不仅要按照课程标准完成名著的阅读，还要坚持每周进行课外阅读，由教师向学生推荐名著和报刊。学生可以理解作品，欣赏佳作。此外，学生还应该通过各种其他方式积极地开展课外阅读，如报刊、上网、看电视等。通过阅读更多的书籍，学生可以养成良好的阅读习惯。因此除了教材，自办语文学习报刊是提升学生语文学习水平的一种有效举措。语文课堂的空间是有限的，语文教材选文也是有范围的，这导致学生的视野不够开阔，他们往往会局限于课堂与教材的规定范围，见不到更精彩的白云和彩虹，因此教师要让学生充分感受到生活处处皆语文，向更广阔的天地延伸，那就是通过阅读课外的报刊领略一片更广阔的景观。语文学科所选的课文内容丰富、经典规范，但数量有限，要想在思想上培养学生的人文精神，提高学生的文化素养，教师应该保证其每天读更多的课外文章，补充更多知识养分。报刊应列为首选。自办语文报刊的意义在于，学生能够自己动手搜寻资料，并且排版印刷，保证语文报刊的出版印刷全过程都由学生完成，提升他们对于语文报刊的了解程度。要想让学生把语文学好，需要知识的阳光普照和雨露滋润，更需要学生把这营养充分吸收。如果语文是大餐，每天有教材作为正餐让学生吸收它们的精华，还远远不够，应该有合理的语文营养餐作为补充，那样才能更好地消化、充分地吸收，使学生身心健康、积极向上、文思敏捷、才华出众。自办语文报刊过程中，无论是撰写稿件的学生、负责排版的学生还是负责印刷下发等后勤事宜的学生，都能够得到有效的锻炼。

在语文课堂教学中培养学生的语言素养也是培养创新人才的需要。拥有丰富知识和经验的人比只有一种知识的人更有可能产生新的联想和独特的观点。《语文新教材》强调学生的发现和创新的发展，勇于提出自己的观点。在积极主动的思维和情感活动中，我们可以得到一种独特的感受和体验。语文教师不仅要有意识地引导学生在课堂上学习其他学科的语言，而且要把知识应用到其他学科中去，从而助力于其他学科的学习。创办语文报刊，还可以成为其他学科学习的启发，学生创办各个科目的报刊有助于提升对其他学科的认识，教师也应该有意识地引导学生进行课外语言学习，如收听电视广播、讲故事、阅读报刊、写日记等，其关键在于大量的课外阅读，"汲取生活的水"，提高学生的观察力、想象力和独立思考能力，培养学生的创新精神和实践能力。

（五）创建语文学习网站

语文学习网站可以改善师生沟通环境，通过资源共享实现师生、学生交流的目标。例如，在部分教学的扩展中，要求学生写一些关于环境保护的短文，并发表在互联网上，互相分享。然后教师指导学生阅读这些文章，帮助学生使用不同的字体和颜色来修改它们，激发其语文学习的自觉行动。教师还可以使用 QQ 群等多媒体工具，为学生提供典型文章，共同讨论和编辑，欣赏优秀作品。此外，在网络平台举办论坛可以促进教师和学生之间的互动。教学结束后，教师也可以组织学生在校园网论坛上讨论社会热点问题，这是一个开放的交流，不受时间和空间的限制，它可以进一步激发学生的主体意识和独立的思维精神。教育主题学习网站是教育活动的网站，显然，主题学习网站离不开这个基本功能。主题学习网站是一个专注于一个或多个课程和与课程紧密相关的学习主题的资源学习网站，它可以用来存储、传输和处理教学信息，它还允许学生自主学习和协作，并在线评估和反馈学生的学习情况。

主题学习网站通过创设一系列贴近实际的情境、问题和主题，让学生通过合作、交流和互动来探索和研究一门学科，从而获得对学科的一种特殊认识，即知识结构的形成。主题学习网站虽然是对特定主题或单个主题的认知探索，但主题学习网站或资源的内容不是单一的，它可以包括与主题和渠道相关的各种资源，如与文本相关的文本、图片、音频和视频。此外，内容的形式也可以改变，它可以是一个科学理论的总结或一个案例的经验总结，只要它能服务于一个主题的进一步发展，就可以收入这个主题中。当然，内容必须科学合理。

第三节　创新阅读教学与创新写作教学

一、创新阅读教学

（一）大学语文创新阅读教学的性质

1. 语文阅读的智力价值

（1）阅读有利于提高学生记忆能力

人脑中对已有经验的保持及重现的过程便是记忆，影响人们记忆能力的因素较复杂，对于语言阅读学习来讲，学习强度和记忆技巧等都将对记忆能力产生影响。学习程度指的是在学习阶段正确反应能达到的程度，相关实验数据表明：100% 的学习程度，对应遗忘程度为 35.2%；150% 的学习程度，对应遗忘程度为 18%；当学习程度超出 150% 时，记忆效果将随之下降[①]。从记忆内容角度出发，记忆可分为情境记忆、形象记忆、情绪记忆及动作记忆等，其中形象记忆和人们的思维能力联系较紧密，形象思维较强的人，记忆能力通常较强。知觉的促动作用可使人们生成形象记忆。知觉整体形式的生成与知觉者审美经验和知识经验等有密切联系，因此可以说增加审美经验、丰富知识经验，有利于知觉形式的形成，

---

① 徐英. 大学生心理健康教育 [M]. 苏州：苏州大学出版社，2003：49.

进而起到引起形象记忆的促动作用。而阅读的主要价值便是积累审美经验，在进行语文阅读学习的过程中，实现知识经验的积累以及审美经验的提升，进而提高人们的记忆能力，是语文阅读智力价值的主要体现。随着语文阅读实践的开展，人们不断积累知识经验，他们对客观事物的抽象性及整体性的把握能力随之加强，从而促使人的思维更加严谨。在实际进行语文阅读教学时，教师应从学生记忆能力及思维能力这两方面着手进行培养，以便提高学生整体语文素养。

（2）阅读有助于开发人的潜能

语文阅读的学习还能起到开发人的潜能这一作用，智力的形成同时受到遗传因素和后天行为的影响，人们需要通过增加自身知识经验来形成较高智力。而阅读便是改变人们智力的开始，阅读过程中有关的联想、思维等活动能提高人对知识的敏感度，并且在阅读时需要保持注意力集中，这能促使人们进一步打开心灵窗口，使得学生在阅读过程中达到耳聪目明的学习效果，并逐渐实现内在潜能的开发。读者在实际阅读过程中，需要通过识别文字符号来获取知识信息，用心感悟文本世界并与主观意识结合，有利于审美体验的形成，读者可根据文本主体框架，建立联想触点来构筑联想视域，达到自身情感境界的升华。正是由于在阅读的同时树立审美意识，并在原有阅读内容的基础上进行延伸和建构，阅读才能使学生拥有较强的创造力。另外，长期进行文本阅读，有利于锻炼学生的思维力、想象力和联想力，对学生的良好发展有促进作用。学生可根据自身需求选择感兴趣的读物，将自身思维意识和阅读内容相融合，真正发挥语文阅读在挖掘学生潜能上的积极作用。

2.语文阅读的基本特点

（1）阅读教学目标取向

从语文学科的综合性特点来分析，阅读教学的目标是认识字、积累词、扩大知识面、了解人生世相、培养能力、开发智力、教给方法、学会发展、陶冶情操、形成正确的价值观，最终培养良好的阅读习惯，让学生在阅读中解放和发展自己。而在具体教学过程中，即在对大学语文阅读教学特点进行具体分析时，对阅读教学目标指向加以讨论，可发现教学目标逐渐由注重知识的传授转变为重视学生阅读能力的培养。传统的语文教学活动更多看重为学生讲解教材内容，通过背诵掌握语文知识，这种教学模式对提高学生阅读技能的意义不大。而随着语文教学改革的深入，语文阅读教学目标已经转变为重视学生语文素养及语文能力的培养，以便发挥语文阅读教学在学生全面发展上的积极作用。现阶段，语文阅读教学活动的开展主要以培养学生能力、传授基础知识以及发展智力等目标为主，追求将语文知识内化为学生的语文能力，并注重训练方法的科学化与程序化。在素质教育充分落实到语文教学课堂的背景下，教师应及时转变教学观念，确保阅读教学在正确教学目标的引导下高效开展，进而促进学生语文能力的提升。因此，可以说教学目标向学生能力培养上的转变，是现阶段阅读教学特点的体现，教师需要在对这一特点有充分认识的基础上，合理设定教学内容及教学方案等。

（2）阅读教学内容取向

语文阅读教学的特点还体现在阅读教学内容逐渐由以课堂为中心转变为加强与社会生活之间的联系这一方面。传统的语文阅读教学通常是以课堂为核心展开的，教学活动开展重点在于提高阅读教学效率上，但是随着阅读教学改革进程的加快，语文阅读教学逐渐突破了原有阅读教学课堂的局限性，并认识到阅读教学应与实际生活联系起来。语文教学内容与生活有紧密联系，大多语文知识是通过实际生活得到的，并在与生活联系后实现知识的延伸。因此，在进行语文知识学习时，学生应通过接触广阔的学校生活以及社会生活，来实现学习效果的提升。目前，加强语文教学和生活实际间的联系已经成为语文教学领域重点研究内容之一，并且阅读教学逐渐朝着生活化方向发展，要求教师在明确语文知识来源于生活这一理论的基础上，有意识地将社会生活信息融入阅读教学中，以便丰富教学内容，促使阅读教学成为提高学生语文素养的重要途径。具体来说，语文阅读教学内容朝着与生活化紧密联系的方向发展，意味着语文阅读教学更加注重对学生知识运用能力的培养，这是语文阅读教学的重要特点之一，对促进语文教学事业发展有重要意义。

3. 大学语文阅读教学的基本任务

（1）经典文本阅读教学任务

经典文本阅读教学主要是为了培养学生审美情趣及提高学生人文精神等。在知识信息不断增加的时代背景下，语文阅读教学能起到培养学生审美情趣的作用，进而促进学生良好发展。审美需求是大学生会自觉追求的内容。教师要在掌握学生心理需求的基础上，为其提供情绪宣泄出口，发挥语文阅读在健全学生人格上的作用。经典文本阅读教学可通过塑造优秀的艺术形象及意象世界，带给人们艺术体验。在阅读教学营造的环境下，促使学生能活跃自身想象，在精神层面上感到放松和自由，这是经典文本教学应达到的教学目的。另外，开展经典文本阅读教学还有利于加强学生的人文精神。个人智力发展程度与其性格有紧密联系，而经典文本在一定程度上规范着人类思维，具有道德约束作用，并能在阅读实践的过程中帮助读者养成良好行为习惯。阅读文本中的文化信息、历史学及哲学等价值判断，可提高读者的人生境界，使其形成正确的人生观。因此，在进行语文阅读教学时，教师应明确阅读教学在培养学生人格和规范学生行为等方面的积极作用，进而得到理想的教学效果。

（2）媒体文本阅读教学任务

媒体文本阅读教学应完成满足学生在阅读过程中休闲娱乐体验的任务。媒体文本具有信息丰富、互动性强等特点，能解决读者的心理困惑，这是媒体文本能够广泛传播的关键。阅读文本中传统元素与现代元素的融合，展现出较大自由度，为读者创新思维的运用提供了空间，有利于学生个性化发展。特别是媒体文本在多媒体课件上的展示，能呈现出多层含义，更加直观和形象地传达文本内容。例如，网络视频阅读可在音乐、文字、画面等多种元素的共同作用下，使读者感受阅读的喜悦。并且多种媒体组合起来，随意切换风景图像，能为读者营造良好的阅读环境，同时媒体文本在不同媒体上的自由切换，能促使读者成为控制文本的阅读者，真正发挥阅读在放松人们身心上的作用。另外，媒体文本阅读教学活动的开展，还可加强对学生乐观、阳光等个性素养的培养。媒体文本传达出的时代化理念，引导读者关注现阶段社会热点问题，并且媒体文本阅读行为可在互联网环境下进行，体现出互动性特点。媒体文本内容能被读者深入挖掘，使媒体文本获得生成价值。大学生通常追求能体现时代特征的阅读内容，媒体文本阅读能有效满足学生阅读需求，并加强对他们个性素养的培养，进而完成大学语文阅读教学目标。

（二）大学生创新阅读能力的基本结构

1.认知能力

认知能力是大学语文阅读能力结构体系中的主要组成部分，在进行语文阅读教学时，教师应注重对学生认知能力的培养，通过丰富认知策略来完成培养认知能力的阅读教学目标。从心理学角度出发，阅读指的是读者将阅读材料中收集到的信息与其自身认知结构中已有的知识结合起来，生成一定意义的过程。较高的阅读能力离不开观念性理解、认知策略及自动化的技能等要素，其中观念性理解指的是阅读者应做到对阅读文本中涉及的字、词、句、语体及文体等知识内容的基本理解，属于陈述类知识；自动化技能则主要指阅读者在阅读过程中遇到不同的文体、语体时对这些知识进行解码和翻译的技能；而认知策略指的是学生在阅读实践中自动形成的一种阅读技能和方法。从知识分类方面来看，认知策略和自动化技能可看作是程序性知识。通过以上阐述，我们可将语文阅读过程划分为四个过程，分别是解码过程、内容表面含义理解过程、推理过程以及理解监控过程。从认知心理学层面着手进行阅读能力的阐述，能帮助教师和学生明确阅读能力结构组成中认知能力的重要地位。丰富阅读教学中的认知策略，能够加强对学生认知能力的培养，这是提高语文阅读教学效果的重要途径。在阅读理解过程中，阅读者要首先对语言信息有明确认知，进一步对阅读文本内在含义有所掌握。言语信息通常是通过图式表示出来的，存在于个体已有的认知结构中，需要阅读者凭借自身知识积累，来对阅读文本的表达信息进行初步掌握。

　　图式就是指以某一特定主题为核心，建立起相关知识表征及存储的方式。利用图式能简化知识学习难度。通常来讲，学习者自身图式结构的构建程度能反映出其阅读能力的强弱，阅读者需要在不断的阅读实践中丰富图式结构，进一步提升认知能力。图式中不仅包括概念及命题的网络结构，还包含解决问题的方法及过程的程序性知识，主要起到梳理知识、连接各知识点的作用，进而形成知识网络，这种情况下生成的认知图式便被称作记忆。语文阅读过程中形成的图式属于一种心理组，能将阅读阶段涉及的各类知识结合起来，这些知识彼此作用，共同组成有机的结构体系，在之后的阅读实践中不断丰富，并作为阅读理解的工具。大学语文阅读中需要用到的图式结构包括场景图式、形象图式和语言图式等，教师需要明确图式在学生理解文本内容上的重要作用，并引导学生注重自身图式的构筑，进一步提高他们的认知能力。在阅读文章前，阅读者可借助图式初步了解文章内容，并通过推理、搜索等加深对文章细节内容的了解。总的来讲，图式构筑是一项重要的认知策略，学生需要在充分利用图式作用的条件下，加强对文章内容的掌握。例如，教师在开展语文阅读教学时，将以丰富学生语言信息的图式体系为主要教学目标，从多个角度引导学生探索文章内容，并在这个过程中实现学生自身的图式结构的完善建设，包括使学生更多地接触社会生活，使他们在阅读时能融入自身生活经验，深入体会文章内在情感；另外，还可以引导学生进行课外阅读，促使他们的图式结构和阅读经验更加丰富；同时，在学生已经具备一定图式结构的基础上，再要求他们做到各类图式的整合分类，以便在阅读过程中快速达到阅读文本信息和图式结构的结合，这是提高学生认知能力的有效途径。

2. 思辨能力

大学阅读教学的重要意义在于培养学生的思辨能力，通过组织思辨性阅读教学活动，提高学生个体发展价值，在向学生传授阅读知识的同时，增强他们的思维能力和反思意识，从而促使学生具备较高的语文素养。教学首要任务为使学生掌握必要的文化知识，在阅读教学课堂上培养学生思辨能力便是一个知识传授的过程，不仅包括教材本身的语文知识，更多的是在这个基础上体现出的传统文化精神、阅读技巧以及思维方式等内容，进一步激发学生的语文阅读学习兴趣，为他们的未来发展奠定基础。因此，要想充分发挥语文阅读教学在提高学生思辨能力上的积极作用，教师需要确保学生在教学活动开展过程中获取有利于其核心素养形成的知识，进而在知识不断积累的基础上，促进学生思维的良好发展。丰富的知识体系是学生思维不断发展的基础，教师需要通过注重知识的全面讲解，来达到学生朝着高层次发展的教学目标，真正让学生形成思辨能力。另外，大学语文阅读教学在学生思辨能力提升上的重要意义，还体现在提高学生理性思维能力上，对于语文阅读来讲，在深入探析阅读文本内涵的过程中，通常需要阅读者凭借自身的理性思维，做到对阅读文章的充分了解。因此，可以认为学生进行语文阅读的过程就是思辨能力提升的过程。在思辨性阅读教学有序开展的条件下，学生能自觉运用辩证思维来了解文章内容。

理性要求学生自主分析和思考阅读文本，并在理智状态下将自身想法及观点准确表达出来，而理性思维则是指依据事实实际说话的一种思维方式，通过严密的推理得到相关结论。思辨能力主要强调学生自主思考的能力，可通过阅读教学为学生发展提供有效途径。心理学领域相关知识表明，大学生思维发展主要是抽象逻辑的完善，在一系列行为作用下，不断深化学生自我意识，相较于之前的阅读学习活动而言已经发生了实质上的改变。从这一角度出发，教师在组织语文阅读教学活动时，应避免过于注重对文章情感渲染的分析，而应以发展学生理性思维为主，合理选择教学关键点，通过设计有利于学生思辨能力提升的教学内容，为学生终身学习奠定基础；通过思辨性语文阅读教学的开展，来引导学生利用理性思维能力学习相关知识，并在阅读教学过程中，帮助学生养成独立思考的习惯。总的来讲，在培养学生阅读技能时，教师要注重学生思辨能力在阅读能力体系中的重要地位，通过设计满足学生思辨能力提升需求的教学内容及教学方法等，进一步促使学生从理性思维角度出发进行阅读知识的学习。

3. 鉴赏能力

大学语文阅读教学应将培养学生独立阅读能力作为重要教学目标，同时发展学生的感受及理解能力。在实际教学过程中，教师应凭借自身的文本解读能力，对文本进行推敲并总结文章传达的信息，进而有针对性地提高学生的文本感悟能力。因此，要想提升学生的文本鉴赏能力，需要首先强化教师的文本解读能力，确保教师在备课环节做到对文本的充分掌握，从而获得理想的教学效果。例如，教师应有意识地引导学生进行高质量阅读，并通过不断增加阅读强度，来达到提高学生阅读理解能力的目的。教师可针对学生特点，为其推荐感兴趣的阅读文本等，确保学生阅读鉴赏能力的提高是循序渐进的。如对于散文类文章来讲，主要特征在于形散神不散，而记叙文通常采取夹叙夹议的叙事手法，这种固定思维容易限制学生阅读能力的提高，因此教师应帮助学生在了解阅读语言信息时从文本实际出发，运用已有经验合理分析文章内容，以免走进理解误区。

另外，为了加强对学生鉴赏能力的培养，教师还应注重对文章独特写作技巧及风格的剖析讲解。在对文章内容有全面把握的条件下具体分析文本精髓，不仅能激发学生阅读兴趣，还能促使学生提高阅读鉴赏能力。总的来说，对学生鉴赏能力的培养，是大学语言阅读教学的主要任务，学生鉴赏能力的高度将直接影响学生对文章的掌握程度，只有在确保学生具备一定鉴赏能力的基础上，才能提高他们的语文素养。在实际阅读教学中，教师应明确文本主题和核心，进一步深入探讨文本信息；通过确定阅读教学重点，提高教学质量及效率；通过对比分析教材内各词句特点，帮助学生深入了解文本内容；通过上述阅读教学措施的实行，帮助学生在阅读过程中做到对文本信息及文章整体情感基调的掌握，即提高学生文本鉴赏能力。由于鉴赏能力是语文阅读能力结构体系中的重要组成部分之一，因此有必要将这一能力的培养作为教学重点，并在具体分析某一文章的过程中，使学生掌握文本鉴赏技巧，通过字词句提供的信息，深入剖析文章阅读价值。

4.创造能力

语文阅读能力体系中还包括创造能力，教师需要通过引导学生进行科学训练，来达到提升学生创新能力的目的。阅读理解最终目的在于创新运用，能根据自身的阅读经验，在之后的阅读过程中对文章产生创新看法。为了提高这一阅读能力，教师应合理设计科学的训练内容，以便培养学生掌握多种认知策略，使他们能在合理运用认知策略的情况下，保证对文本信息有明确掌握。认知策略通常被看作是一种自我调控技能，包括相应的阅读操作步骤，阅读认知策略指的是阅读过程中使用的各种阅读技巧和方法，并在阅读者不断进行阅读实践后形成相应的认知结构，主要包括组织策略、复述策略和精细加工策略，同时还包括阅读计划策略和元认知策略等。语文阅读教学过程要求教师注重训练学生的阅读认知策略，将阅读规则和步骤等方面的知识呈现给学生，利用科学的训练方法，促使学生能针对各类阅读规则进行实践训练，从而提高学生在阅读过程中的自动化程度，使其内化成学生自身的阅读技能。在学生掌握基础阅读技巧的基础上，教师还需要加强对学生创新思维的培养。语文阅读效果提升的关键在于，能针对已有的文章体系挖掘内在价值。创新思维在阅读时的运用能在一定程度上丰富学生的阅读能力结构，为他们阅读行为的有序开展奠定基础条件。因此，我们认为创造能力是学生进行语文阅读时需要具备的主要能力之一，它为文章赋予了新的价值，是提升学生语文阅读技能的关键。

在阅读实践过程中，教师要保证学生能体会作品自身的艺术形象，引导学生掌握作品主题思想以及构思特点，并且教师应在阅读教学中结合阅读文本特点，使得学生注重某类阅读文本的积累，在重复练习的情况下，促进学生大脑发展，并有意识地在阅读时运用创新思维。通常来讲，在欣赏阅读文本时，需要对文章的写作技巧及写作风格等进行深入探析，对于创造能力较强的学生而言，能达到对文本信息的深入挖掘，并在自身创新意识与阅读文章有效融合的情况下，达到较好的阅读理解效果。另外，教师要适当改变以知识单方传授为主的教学方式，应通过多种方式配合使用，探索出提倡自主及合作的学习模式，尊重学生对阅读文本的多元化解读，进而培养学生在阅读时的反思和创新等能力。另外，要将语文阅读教学的主要目标设定为全面提高学生语文素养，确保学生各项阅读能力的和谐发展，不仅要发挥阅读教学在充实学生知识体系上的积极作用，还要注重阅读方法和技巧的讲解，在上述多个要素有机结合的条件下，才能真正培养学生的阅读创造能力。

（三）大学创新阅读教学的基本方法

1. 泛读、精读与研读

在进行大学语文阅读教学时，教师普遍采取泛读、精读和研读的教学方法，能保证学生有效掌握语文阅读知识。为了充分发挥这一教学方法在提高教学质量上的积极作用，教师需要确保学生详细阅读文本，并初步把握整体文意。阅读教学中运用的文本细读方法指的是教师将自身解读关键点转变为学生学习重点，引导学生在以文本为主的基础上，揣摩字词句，将文字与画面结合起来，建立起与文本相应的场景，降低学生阅读理解难度，并促使学生与文本内容产生共鸣，为之后的阅读学习奠定基础。构建相应的场景可激活学生阅读实践积累和生活经验，引领学生感悟文本深层内涵和内在情感，从而为阅读者提供审美享受。因此，在实际教学过程中，教师要注重学生对文本内容的全面了解，以便保证泛读、精读和研读的教学方法落实在阅读教学过程中。学生是阅读学习的主体，他们与文本的接触程度对整个阅读教学效果有直接影响，当学生没有对文本形成整体印象，还不能明确掌握文本重点内容时，要求学生针对文本中的语言信息进行反复咀嚼，以免造成学生对文本内容体会不深的现象。为了达到预期的阅读教学效果，需要实施文本泛读、精读、研读的教学方法。教师引导学生做到对文本信息的全面掌握，并明确文意，是阅读教学的根本要求，只有按照文本泛读、精读、研读的顺序进行阅读学习，学生才能深入感悟词句含义。

学生在没有全面阅读文本的情况下进行阅读学习，将导致所有的感悟在缺少文本支撑的情况下成为泛泛之谈。要求学生做到对文本内容的初步掌握，是避免阅读教学课堂无中心扩展和无效讨论的关键，在此基础上大学语文阅读教学才能高效开展。学生在进行文本阅读时，不能完全依靠课堂时间完成，还需要在课余时间完成文本泛读等环节，并在多次阅读的过程中，加深对文本内涵的了解。实际教学时，教师不仅需要保证学生对阅读文本信息的充分掌握，还要保证细读过程的高效性。例如，大学语文阅读教学中普遍使用泛读、精读、研读的教学方法，教师将根据课堂教学内容，为学生布置相应的课前预习任务，使学生在课前完成泛读文本和精读文本等学习环节，以便节省课堂教学时间；在正式进行语文阅读教学时，教师可直接要求学生根据自学成果，挑选出具有探讨价值的词语和句子等，有效提高阅读教学效率。研读文本阶段要求学生能深入挖掘文本内涵，在对文本表层含义有所把握的基础上，再次针对品味语言来对文本内在含义加以了解，是阅读教学最终目标。上述教学方法能帮助学生掌握一定量的阅读知识，并将其转换成学生的阅读技能，是应用效果显著的教学方法。

不过，这里所谓的泛读、精读、研读教学法不仅仅局限于教材范围内的阅读，还可以延伸到课外，那就是打破常规、扩大视野、善于反思的阅读。学生要针对教学内容尽可能广泛地阅读相关内容的文本，可以通过新媒体获取海量信息，在此基础上根据自身承受力和个人愿景需要，有选择地详细阅读，做到目标明确、切实有用。再就是阅读要带有批判思维，不仅要了解文本写了什么、为什么这样写，还要反思这样写会给人们带来哪些启迪等，只有带着问题读，才能跳出文本的约束，产生阅读增值效应。

2. 常规教学法

大学语文阅读教学中常见的教学方法包括情境教学法和个性化阅读教学策略等，合理选择教学方法能为教学效果的提升提供有利条件。首先，情境教学法就是根据实际教学内容来搭设相应的教学情境，从而为学生营造适宜的阅读环境，激发学生阅读兴趣。并且适当的教学情境有利于感染学生心境，帮助学生更快进入文本，全身心投入阅读过程中，学生在这种情境下的感受是最真实的，这样可以促使学生对文本内涵有正确认识。实际运用情境教学法时，可通过教学情境的多样化预设，为教学质量的提高提供有效手段。例如，教师可在基于教材内容的前提下设计相关的问题情境，这时可引导学生带着问题进行文本阅读，并感知文本。在学生确定了阅读任务的情况下，情境教学法能有效提高学生的阅读针对性，使得他们能有目的地收集相关文本信息，促使阅读实践过程的高效进行。在设计问题时，教师可根据某一人物特点或文本中关键词句的运用目的等内容进行问题的细化设置，以便提高学生自主学习质量，提升学生阅读技能，推动学生的个性化发展。

除了情境预设法外，在语文阅读实践中还会采取个性化的教学策略，个性化教学策略指的是根据学生个性特点，制订对应的教学内容以及教学方案等，进而确保教学方法在阅读教学课堂上的有效落实。为了保证个性化教学策略在阅读教学中的有效应用，教师要做到教学内容的选择满足学生阅读需求。学生的认知水平、学习能力以及个性特点等存在明显差异，这就表明学生的学习需求是不同的，对于大学生而言，要在保证教学内容体现一定深度的同时，突出教学内容的差异性。例如，对于思维较活跃的学生来讲，除了为他们提供基础教学内容外，还要结合其他课外阅读内容共同讲解，确保阅读教学活动的开展有助于学生阅读技能朝着高层次发展，尤其应注重教学内容的合理选择能起到培养学生语言表达能力及文本感悟能力的作用，以便发挥教材在阅读教学开展中的基础作用。教师应选择阅读文本中能提升学生语文素养的教学内容，不仅要加大对完善构建学生知识体系的重视，还要注重对学生精神境界的提升，通过采取个性化教学策略，为语文阅读教学的良好发展注入活力，进一步为学生的未来发展奠定基础。

3. 创新教学法

阅读教学方法的选择对阅读教学效果有直接影响，教师通过选择适当的教学方法，能在实际教学过程中引导学生在阅读文本的同时获取相关阅读知识、提高阅读能力、形成阅读思维。选择合适的教学方法是培养学生语文素养的重要策略。传统教学方法包括提问法、教授法和朗读法等，这些教学方法在阅读教学中的使用具有一定优势，但还存在一些不足。因此，我们应该在吸取传统教学方法优点的基础上，提出新的教学方法。对话式阅读教学方法便是随着语文教学改革而出现的一种教学方法，广泛运用于目前的语文阅读教学中，这一教学方法主要是将对话作为阅读教学的基础，从对话角度出发来设计一系列教学活动，并在对话过程中丰富学生思维经验。从某种角度来说，教学活动本身便是一种对话活动，在阅读教学时，构建起教师与学生、学生与阅读文本以及教师与阅读文本间的对话关系，并坚持学生在课堂教学中的主体地位，可确保阅读教学活动的顺利开展。

从学生与教师间的对话来看，在进行文本阅读时，通常将学生看作是教学活动主体，而教师则是教学活动发起者以及活动开展的促进者，因此要及时改变单方面传授的教学方式，需要通过对话式教学方法在阅读教学中的实施，加深教师对学生特点的掌握，以便提高教学内容和教学方法的针对性。教学内容的合理选择有利于使学生体会阅读乐趣，从而满足语文教学改革要求，因此在提高教学质量方面有重要意义。另外，还可运用体验式教学方法。大学语文阅读教学的主要任务为注重对学生人文精神及综合素养的培养，在学生切实感悟作品魅力的情况下，使学生将语文知识转化为其内在精神品质。因此，大学语文阅读教学应注重学生对文章作品的感悟体验，通过选用体验式教学策略，帮助学生掌握作品内涵，并在与作品互动过程中，激发学生阅读兴趣。体验教学法指的是教师在明确教学目标的条件下，创设相应的教学氛围，引起学生的情感认同和情感体验，进一步实现阅读教学目标。在现代大学语文阅读教学中，普遍使用体验式教学法，强调学生在阅读过程中的情感体验以及阅读行为自主性，为了确保这一方法在实际教学中的有效应用，教师需要根据教学需求创设阅读氛围，同时学生要积极融入教学实践中，以便感受文本的内在文化气息。总的来讲，多种阅读教学方法的运用，能保证语文阅读教学取得良好效果，语文阅读教学课堂中良好教学氛围的营造，是提高学生在课堂活动中参与程度的有效措施，有助于强化教学效果。

教无定法，有道可循。大学语文教学法随着时代的进步和媒体技术的更新与传统教学法相去渐远，随之而来的是各种新教学法不断涌现，呈现出良莠不齐的特征。截至目前，还没有哪一种教学法是万能的，这是因为教育因素的复杂性客观决定了方法选定的难度。只有针对不同教育对象、不同地域文化背景与不同执教人员的素养风格以及不同教学内容设计教学法，才可能收到事半功倍的效果。无论选择什么样的教学方法，也无论怎样变化，语文学科性质与培养人才目标始终是融为一体的，只有在这两种决定因素中找到契合点才是科学的选择。所以科学有效的大学语文教育教学方式方法的探索是一项艰辛的工作，任重而道远。

（四）大学创新阅读教学的运用

1. 诗歌教学

（1）大学诗歌教学的重要意义

诗歌教学是大学语文阅读教学的内容之一，在进行诗歌教学的过程中，主要针对诗歌内容以及其中展现的人生态度和作者品质等进行分析，从而引导学生树立正确的人生观及价值观。大学语文诗歌教学对学生未来发展有重要的促进作用，诗歌教学的开展有助于学生心理健康成长，促进学生想象力的发展，进一步帮助学生构建健全人格。语文古典诗歌是重要的阅读教学素材之一，其中包含的人生哲理及思想情感等，在促进学生形成乐观向上的生活态度以及高尚品质等方面有较大帮助，另外，诗歌中呈现出的人物形象，会在一定程度上影响大学生的心理成长。例如，苏轼的《定风波》、陶渊明的《归园田居》等，这些作品中都展现出作者的人生态度，以及对美好生活的向往，能在学生自身人格构筑上起到积极作用。教师在进行大学语文诗歌教学时，应充分尊重学生的审美体验，引导学生真正融入古典诗歌教学中，思考作品中的人生智慧，以便在深入剖析诗歌内容及思想情感的过程中掌握诗歌创作技巧，在实践中形成自己的诗歌创作风格，有助于整体提升学生的写作能力。对于大学语文阅读教学而言，主要任务在于对学生审美能力以及想象力和创造力的培养，而诗歌教学的开展，可为学生想象力的发展及运用提供广阔空间，进而满足学生发展要求。另外，大学语文阅读教学中的诗歌教学，还可促使学生积累丰富的知识，提高他们的审美能力，使得诗歌教学在传授传统文化知识的基础上，注重学生知识运用、探究以及审美能力的培养，进而实现学生的全面发展。教师在引领学生感悟诗歌包含的情感这一过程中，将极大地锻炼学生的审美思维，因此可以说诗歌教学是大学语文阅读教学过程中需要重点开展的教学内容之一。

（2）提高诗歌教学效果的有效措施

要想达到理想的大学语文诗歌教学效果，则需要采取相应的教学策略，在教学策略有效实施的条件下，确保诗歌教学满足学生发展需求。首先，需要确保诗歌教学内容的选择符合学生个性化发展要求，不同个体对同一事物的感官体验存在差异，这就要求教师注重学生心理特点，确保诗歌的选择能引起学生共鸣，在尊重学生个性化发展的前提下，帮助学生明确自己适合的诗歌类型，提高学生诗歌创作能力。在实际教学中，教师应及时改变单方面传授知识的做法，避免向学生灌输自己对诗歌的感悟，导致学生审美体验出现偏差。教师应更多地注重学生在课堂上的主体地位，鼓励他们参与到审美活动中，通过组织学生参与合作学习、自主学习等，提高学生在诗歌学习上的主动性，这样不仅有利于完善学生的诗歌知识体系，还可激发他们的诗歌学习兴趣。同时，教师应做到充分把握学生不同阶段的诗歌解读特点。大学生接触到的诗歌内容已经有一定难度，在这种情况下，教师应适当调整诗歌内容重难点等方面，将教学目标设定为循序渐进地提升学生审美能力以及诗歌创作技能，从而在教学目标引导下，有效实施个性化教学策略，确保诗歌教学活动的高效开展。另外，为了提高诗歌教学质量，还需要确保审美内容的多元化，例如，教师在指导学生学习诗歌知识时，可指导学生吟诵诗歌，以便加深他们对诗歌音乐美的感受。在吟诵诗歌的过程中，可确保学生真正投入诗境中，从而把握诗歌情感。诗歌吟诵要求学生能利用自身想象力构建出诗歌意境，以便获得审美体验。

我国现代诗人、文学评论家何其芳曾说："诗是一种最集中的反映社会生活的文学样式，它饱含着丰富的想象和感情，常常以直接抒情的方式来表现，而且在精练与和谐的程度上，特别是在节奏的鲜明上，它的语言有别于散文的语言。"[①]这个定义性的说明，概括了诗歌的四大特点：一是高度集中、概括地反映生活；二是抒情言志，饱含丰富的思想感情；三是丰富的想象、联想和幻想；四是语言具有音乐美。因此诗歌的教学还要突出诗歌本身的特质。我国是诗歌的王国，从第一部诗歌总集《诗经》开始，到《楚辞》、汉赋、魏晋风骨、唐诗宋词、散曲等古代诗歌的涌现直至近现代新诗的突飞猛进，构成了诗歌的长河，滔滔不绝、汹涌澎湃，取之不竭、用之不尽，为学习者提供了广泛而深厚的学习资源与精神沃土，也为大学语文创新教育提供了广阔的探索空间，其学科优势无与伦比。诗歌创新教学永远在路上。

2. 散文教学

（1）大学散文教学审美困境

大学语文阅读教学与单纯的散文文章阅读有着明显区别，但是部分教师没有明确认识到散文教学对学生审美能力的影响，在实际教学中还存在教学方法选择不合理的问题。大学语文散文教学的主要问题为审美概念存在缺陷，导致审美内容对立。现阶段，阅读教学课堂大多由学生通过阅读直接获得审美体验，教师在课堂上无法发挥主导作用，不能引领学生深入感受散文阅读中的审美价值，容易

---

① 吕进. 论中国现代诗学的三大重建 [J]. 文艺研究，2003（2）：48-54.

导致学生对阅读文本的理解过于表面化。并且教学模式的固定化容易限制学生审美思维的发展，无法保证学生对散文中的美感有明确认识。另外，目前在进行语文散文美学价值分析时，由于审美标准的不明确，造成审美结果的不一致，大部分散文需要结合其创作背景，才能理解作者的创作思想。因此，在进行散文分析时，需要综合考虑散文创作背景、散文类型中包含的民族文化等多种因素，才能确保对散文阅读的审美价值做出合理分析。然而，目前语文教师在分析散文创作背景方面投入大量精力，忽视了对作者文化心理变化的把握，以及有关审美发展史的分析，这就导致散文阅读审美探究不够充分。例如，在对沈从文的《边城》这一文章进行赏析时，如果单纯从自然美学的角度引领学生感受作品内涵，势必导致学生对文章的理解过于片面，作家沈从文始终坚守节制的审美观念，包括人与人交流时的节制，实际分析时要结合作者心理特点，来达到对作品社会属性的掌握。

（2）大学散文教学效果提升的建议

为了突破大学语文散文教学过程中的审美困境，需要从以下方面着手来提高散文阅读教学效果。首先，应重新构建审美内容。散文审美空间的打造并不在于降低教师的引导作用，道德审美以及情感审美等文化内容的输出一定程度上可作为学生感受散文阅读美学体验的中介。审美内容可分为情感与非情感、道德与非道德这两方面的对立，教师不仅要尊重学生的探索意识，还要丰富学生审美探索渠道，尽快打破教师为学生预设审美渠道这一教学困境。例如，在对《听听那冷雨》这一散文进行审美分析时，大部分教师主要针对情感主题对散文阅读进行分析，大多得到思乡之苦的情感辨析结果，但在文章细节上的感悟有所不足。因此，教师应引领学生加强对细节内容的美学分析，并通过将同类散文放在一起进行比较来促使学生对散文中的审美体验有所掌握。其次，需要重建审美标准。影响学生感悟散文阅读中美学的主要因素在于审美标准的缺失，为了解决这一问题，教师需要从作者性格特点、作品创作文化背景等角度出发，确保审美标准合理营建，为学生散文阅读分析奠定基础。上述措施的实行能有效提高散文阅读教学质量，进而发挥散文阅读教学在提升学生审美能力方面的积极作用，并提升学生创作能力。再次，厘清文章思路，体验真情实感。散文的形式是"散"的，但并不是天马行空、无所收束的，看似海阔天空、漫无边际地描写叙述，其思想感情的主线是统一的。教学中要梳理出作者的感情线索、时间线索和事件线索，体验作者在文章中寄托于人、事、物、景的感情倾向。比如，在朱自清的《荷塘月色》阅读教学中，教师可从作者夜游的行踪变化以及景点的转换中探究作者情绪与思想变化的轨迹，以收到时效性教学效果。最后，注重主体意识的参与。教学中学生情感的投入与主体认知程度是教学成功与否的重要目标之一。散文教学要引导学生深入文本情景，通过与作者及其提供的人、事、物进行深层对话，与自己的情感体验碰撞出火花，形成自己独到而有意义的见解，这既是一种学习过程，一种对作品的深度认知与感悟，也是一次生命成长的体验。

3. 小说教学

（1）把握小说内涵

开展小说教学实践需要针对环境进行分析，从而把握小说内涵。在小说作品中，作者往往会通过描写人物语言、动作、心理等，来向人们展现特色鲜明的小说人物形象。上述描写内容之间存在紧密联系，不仅需要与小说故事情节完全融合，还要符合社会背景。小说中人物形象的形成主要与小说环境有关，小说环境不仅能起到发展故事情节的作用，还能营造出相应的气氛。通常来讲，教师在进行小说教学时，需要从自然环境以及社会环境等方面着手，加深学生对小说内在情感的探讨。以鲁迅先生的《祝福》为例，小说中描写了鲁迅先生阴暗的书房、人与人之间的冷漠等，进而营造出小说人物凄惨的生活环境，预示悲剧势必会发生。通过深入分析小说内涵，教师可帮助学生掌握小说描写技巧和方法，并且通过环境分析，能做到对小说中人物形象特点的全面探讨，进而为小说教学的开展提供有效途径，为教学活动的顺利进行提供保障。总的来讲，对小说内涵的分析，是学生进行小说学习不可忽略的环节，同样是学生全面掌握小说阅读知识的关键。

（2）扩充小说外延

在把握小说内涵的同时，还需要进行小说内容的延伸，进一步深化小说主题。小说灵魂便是小说的主题，教师在分析小说文章时，需要从多个角度出发，对其主题进行分析讨论，详细分析作品中人物命运以及故事情节设置特点等。在对《祝福》这一小说进行分析时，不仅要从祥林嫂被压迫的命运这一角度进行分析，还要充分考虑祥林嫂善良的性格特点，进而在对比分析下，让学生对当时黑暗的社会背景有所了解，进一步将小说主题升华到社会层面。又如鲁迅先生的著名小说《药》，需要从革命者在反抗封建社会做出的牺牲这一方面着手，进行小说主题的深入探讨，了解革命者和群众之间的关系，从而体会小说批判现实主义的写作思想。因此，教师在进行小说教学时，需要以文本内容为基础，引导学生结合小说内容进行其内在思想的探索，并将创新思维运用在小说分析中，从多个层次着手对小说主题进行细致探讨。对于小说教学来讲，提升学生创造力以及思维能力是开展小说教学实践活动希望实现的重要教学目标。小说教学是大学语文阅读教学中的主要组成内容，要想通过小说教学活动的组织来提高学生的语文阅读能力，有必要在小说教学最终目标的引导下，结合学生实际情况，教导他们对教学内容充分掌握，通过深入探讨小说主题并把握小说外延，来为小说教学高效进行加以保障。

（3）关注叙事技巧

常规小说教学主要针对小说中的人物、事件、情节三要素进行分析归纳，关注的重点往往是小说写了什么、表达了什么样的主题，而很少研究小说采用的是什么样的叙事方式与叙事技巧，这样的教学模式很容易将小说的内容与形式割裂开来，最多是让学生知道小说讲的是一个关于人物或事件的故事，这个故事怎么讲、为什么这样讲却很少过问。殊不知小说最精彩、最吸引人的地方还在于叙事技巧。要深入理解小说的艺术魅力与文学价值，学生就要从叙事学角度对小说表达形式进行品读鉴赏。大学生对于小说的理解通常指向传统的现实主义，教师可根据课堂实际情况，列举出表达形式与传统现实主义小说迥然不同的现代主义或后现代主义作品，由此导出小说的"故事与叙事"的区别，从而帮助学生建立起现代叙事学的基本框架。简单了解小说故事和叙事的区别后，教师可从叙事角度、叙事时间和叙事结构三方面对现代小说叙事理论做简要介绍，其中叙事角度为教学重点。为避免纯理论知识讲解的枯燥与深奥，教师应进行简单易懂的实际例文分析，如"马原体"小说，堪称是小说叙事革命，是一种放逐意义，重视叙事本身的形式实验，其叙事显得随意自然，完全没有传统小说的叙事秩序，故事之间没有任何逻辑关系。如《冈底斯的诱惑》讲述了探寻"野人"，观看"天""顿珠婚姻"三个互不相干的故事。马原在小说中陈列各种事件的写法，实际上就是一种对于生活现实本质的叙事还原。通过简单的实例分析，教师能让学生直观形象地了解叙事角度对小说表达的影响。同样的教学方法也可用在对叙事时间和叙事结构的阐述上。小说是虚构的，故事和叙事共同折射出作者的写作意图和审美内涵。大学语文的小说教学，应首先构建现代叙事学的基础框架，才能让学生在随后的具体文本赏析中，形成从叙事学角度鉴赏小说的意识，比如：作者为什么从这个角度讲故事？换成其他角度讲述的话效果如何？作者为什么要采用这样的叙述顺序？小说结构安排的背后有怎样的用意？对这些问题的思考与探索，才是大学语文中小说教学的创新之路。

（4）体验小说情景

大学语文教学首先要明确学生的主体地位，学生不是知识的被动接受者，而是知识的研究者和创造者；而教师作为课程的组织者和指导者，应引导学生用自己的经验和情感去体悟作品，更多地发现作品的"不确定性"和"多重性"。教师可根据大学语文小说教学的特点及学生的实际认知水平，通过实践教学，以角色扮演、问题研讨、情景模拟及比较教学等较适合小说的创新教学方法，来激发学生自主学习的兴趣。如《游园惊梦》中刻画人物的手法是自然而精准的人物对白描写，这也是白先勇小说的一个特点。在教授该课时，教师可让学生分小组对不同场景进行演绎，并提出问题让学生思考：不同人物的对白分别有什么特点？映射出怎样的人物性格？通过角色扮演，扮演者和观看者都会对人物形成一个大概的印象，有些扮演者甚至会将自己的领悟在演绎过程中通过语气、动作体现出来，在此基础上，师生再一起来分析每个人的性格特点。其中，教师始终处于引导者的位置，每个人物的性格特点都应由学生自己分析，一个人的理解或许不够全面，但把多个人的回答汇总到一起往往能形成一个比较正确而全面的形象，这时教师再做总结性的概括。比如，各位夫人由于年龄、身份、经历的不同，她们所使用的语言也不一样，钱夫人温柔、婉转中透着些小心谨慎；窦夫人八面玲珑，同时又因自己正得势而自然流露出一些炫耀；蒋碧月则轻佻放荡；等等。在课堂教学开始阶段使用角色扮演法，可充分吸引学生注意力，调动学生学习的积极性。

问题教学法中的问题，可分为大问题和小问题，大学语文教学应注重大问题的研究。大的论题可提前布置，让学生在课前充分准备，再带至课堂上讨论；或教师在课堂上布置，交给学生课后自行研习，再提交成果。大问题的研习，关键在于学生课余时间的自主学习，教师起指导、督促的作用。比如，在了解了《游园惊梦》中主要人物的性格特点后，教师可从叙事学角度提出问题：这篇小说是以谁的视角在叙述？作者为什么要从这个角度讲述故事？换成其他人来讲述行不行？这些论题教师不必急着给出所谓的标准答案，可留给学生深入思考，甚至可以让学生尝试以其他人的视角来叙述这个故事，看看效果如何。在教学中，教师也应提出一些关于文本细节的难度适中的小问题，帮助学生加深对作品的理解，同时增强学生的自信心与阅读兴趣。例如：文中有哪些场景运用了环境描写？这些描写起到什么作用？钱夫人看到这些场景后有什么反应？作者这么写的意图是什么？通过课堂讨论，以学生分析为主、教师引导为辅，共同得出合理的答案。

大学语文教学中引导学生主动参与、亲身体验十分重要，如学习《游园惊梦》的意识流手法时，可分组组织学生进行自由联想，相互交流意见，通过亲身体验，学生能更直观地理解到意识流的特征：意识流是一种自由联想，它随着人的意识流动到哪里就是哪里，比如看到火车，会想到西藏或其他地方，或是任何相关的其他事物；但意识流又并不是无联系的意识碎片，从一个联想到另一个联想之间，必然暗含了一点联系，便是这些联系形成了意识的"流"动。在了解意识流的基本概念后，教师可接着详细介绍意识流作为一种小说流派的特点，而后请学生思考：《游园惊梦》中的意识流与西方意识流小说有何不同？作者为什么要采用意识流的手法？有什么好处？时间充裕的情况下可组织课堂讨论，亦可布置为练习题，留给学生课后研究。

4. 戏剧教学

（1）戏剧教学开展的意义

开展戏剧教学有利于提高学生的创作能力、理想思维能力以及表达能力等。戏剧教学作为大学语文学科主要教学内容之一，在学生语文素养提高上起到不可忽视的作用。在对戏剧教学开展意义进行分析时，需要注意的是，戏剧教学不是要学生学会表演，而是要体验戏剧中尖锐的矛盾冲突的社会意义以及高超的艺术形式，从而实现对传统文化的传承与传播，同时，在教学过程中加深学生对传统优秀文化的了解。戏剧教学有利于在文化熏陶下促使学生形成优质品格，塑造学生的良好形象。戏剧教学对学生来讲有较强吸引力，这主要是由戏剧教学内容的多样化，以及丰富的教学手段决定的。教师可通过组织相应的戏剧表演活动，要求学生扮演文本中某一特定角色，并在相应的情景下进行对话，从而让学生在轻松的氛围下掌握戏剧阅读知识，这种教学方式有利于促进学生心理成长，并帮助他们对语文阅读教学本质有更好的认识，使得学生自觉参与到阅读教学实践中，并在戏曲教学有序开展下，培养学生多方面能力。

（2）戏剧教学实施策略的分析

通常运用在语文戏剧教学中的策略包括阅读介绍和拓展延伸等，其中阅读在语文教学实践中有着普遍意义。阅读文本的过程能调动学生多个器官的协调作用，促使学生深刻理解并感悟作品内涵，与作者在思想层面上达成共鸣，进而丰富学生感情，培养他们的语文素养。阅读在戏剧教学上同样是重要的教学环节，戏剧的表现形式主要包括文字和舞台表演两类，在研究戏剧时，不能忽视其文学性特点，学生需要在对戏剧文本有充分理解的前提下，演绎戏剧中的人物形象并达到预期表演效果。阅读戏剧文本是演出的前提条件，为了确保文本细节内容的完整呈现，学生要采取文本精读的方式，紧抓戏剧文本特征进行情感分析，以便凸显戏剧艺术魅力。例如，教师在讲解戏剧文本时，要求学生针对其中某一场景进行细致阐述，利用自己的语言将戏剧文本信息表达出来，深入体会其中蕴含的情感等，精读戏剧文本能为戏剧表演的顺利进行提供保障，并且促进戏剧教学高质量和高效率完成。因此，我们认为阅读介绍是重要的戏剧教学策略之一，教师要做到将这一策略切实落实到戏剧教学中。另外，戏剧教学中还需要应用拓展延伸这一策略，旨在让学生以教材为主，探索更加宽广的戏剧世界，在实施这一策略时，教师应考虑到学生接触戏剧的机会较少，虽然经过了一段时间的学习，但他们对戏剧文本的认识还没有达到较深入的层次。因此，在鼓励学生欣赏戏剧作品时，要遵循由易至难、循序渐进的原则。例如，教师可将教材中编写的戏剧作品和其他优秀作品结合起来分析，促使学生对这些作品进行对比分析，在对不同戏剧的相似点有所掌握后，学生能初步掌握戏剧文本特点，为之后的戏剧知识学习提供基础条件。拓展延伸这一教学策略可以丰富学生戏剧知识，有重要的运用价值。

5. 实用文体教学

（1）大学实用文体教学的重要性

实用文体在社会进步上有着重要运用意义，大学实用文体教学的高效开展，能够为社会发展提供实用人才。我国目前已经形成了包括幼儿教育、中小学教育以及大学教育在内的完整教育体系，有利于提高学生综合能力，并且将实用文体教学贯穿在学生发展的各个阶段，可确保学生逐渐掌握较丰富的实用文体知识，进而提升他们的语文素养。大学阶段的实用文体教学与社会生活的联系更加紧密，考虑到学生即将踏入社会开始职业生涯，因此在教学内容设置上，大多选择工作实践中可能运用到的操作行为和理论知识等，从而提高教学内容在培养学生操作实践能力上的适用性。在对应用文写作进行学习的过程中，掌握良好的训练技能能够为大学生以后的工作提供有效的帮助。在当前，不少企业在招聘过程中对应用文写作能力提出了要求，企业的招聘人员也将其设定为录用的标准之一，所以在大学语文教学的过程中，开展应用文写作训练，不仅能巩固学生的专业知识学习能力，同时对于其以后的职业发展也有很大帮助。因此，我们认为大学实用文体教学的开展，能为学生后续工作学习奠定坚实基础，进而发挥大学语文阅读教学培养实用人才这一功能。

（2）实用文体教学实施策略

为了加强实用文体教学效果，需要首先做到思想观念的及时转变，教师应提高自身专业素养，并充分认识实用文体教学的重要意义。在进行实用文体教学时，大部分教师认为教学难度过大，主要原因是学生缺乏实践经验，教学内容枯燥无味，因而导致实际教学中存在教学模糊化和简略化的现象，出现这类现象的原因为教师在进行实用文体教学时的专业度不足。因此，教师要注重自身专业素养的提高，通过向学生传授实用文体知识，来促进学生的良好发展。首先，要求教师从认识层面做到对实用文体教学重要性的有效认知，并在教学实践中，形成重视实用文体知识传授的意识，促使文体教学在语文阅读教学体系中占有重要地位。同时，教师还可通过多阅读实用类书籍，丰富自身的理论体系，例如，语文教师应多与相关专业人才沟通交流，借鉴先进的实践经验，以便为之后教学活动的开展提供有利条件，并且教师还要通过参加实用文体教学座谈会、社会调查研究等社会实践活动，吸收先进的教学思想和社会实践经验，进而提高专业素养。另外，在实践操作方面需要注意的是，实用文本教学的开展，主要的教学目标在于帮助学生掌握一定量的实用文本知识，从而在理论知识作用下，确保操作实践过程的顺利进行。操作实践活动的组织有利于加深学生对理论知识的掌握，因此教师需要保证实践操作课程的合理设置，如在讲解演讲词相关内容时，可在理论知识全面传授的基础上，组织学生参与到演讲实践中，从而为学生的知识运用提供广阔平台，有助于实用文体教学目标的实现，进一步保证学生整体语文阅读能力的提升。

实用文体教学旨在加大对学生实践动手能力的培养，如在科技类文章的教学中，要促使学生掌握一定的实用技巧，进一步鼓励学生在已有知识体系的基础上进行创新发展。再就是在教学方法上尽量突出"主体性"与"实用性"特征，即充分发挥学生主动参与实践的热情，通过切实有效的实践锻炼，让实用文体教学落到实处。一是结合所学专业合理安排课程内容，教师可以根据学生的学习专业，抑或是其未来就业意向来进行应用文的写作训练。如经管系的学生，可以对招标书、合同等财经类的文章进行写作训练；而工程类专业的学生，主要可以训练调查报告这一类的应用文。而在"常见文书"的训练中，可以针对通知、条据、会议纪要等内容进行引导，同时结合各个行业的实际工作需求，安排针对性较强的写作训练内容。二是创造情景进行模拟训练。例如，社会上包括学校不时会有一些计划、通知、总结等常用文书，教师不妨模拟校运动会、校园招聘会等活动情景，让学生开展仿真训练，在"策划协商"的教学环节中，可以安排工作计划、会议纪要的教学任务；而在"公布消息"的环节中，可以安排通知学习的训练内容；"采购"环节中可以引入条据教学；"活动完成"后可以开展各类总结学习任务等。总之，教师要通过情景创设的方法，强化学生的应用文写作能力。三是分类指导，互助学习。可采用专题讨论、分类训练的方式，根据学生的爱好兴趣和基础差异分别列出不同专题，自由选测训练重点，然后相互交流成果，促进教学效果的提升。首先，在课前阶段，教师可以根据不同专业的人才培养需求和学生已有的学习基础，布置具有针对性的课前任务，让学生以小组的方式对应用文例文进行收集，学生可以收集多篇同一类型的应用文，各个小组成员可以对这一类型应用文的格式、特点来进行分析，并鼓励小组代表在课堂上展示自己的分析成果；其次，强化情境教学，让不同小组以情景再现的方式呈现研究成果。比如，学生在进行求职信的写作训练时，可以扮演"求职人员"和"招聘人员"，结合相关的文体知识，对求职信的要求进行分析；最后，在学生完成表演后，教师可以在其讲解基础上进行引导与总结，对相关的文体知识进行梳理。

二、创新写作教学

（一）大学生写作规律及心理特点

1. 大学生写作的一般规律

写作是一个人思维的外在表现，不同文化背景的人有其不同的风格特征，这里指的是写作行为的共同规律，概括而言，大学生写作规律主要体现在以下方面。

一是语言和思维的协调运用。写作具有实践性特点，这一特点决定写作通过语言文字来完成，即需要在实践活动开展过程中实现思维结果向物化的转移，从写作欲望到布局构思到句式、词语的选择直至完成创作的整个过程都离不开思维的运用。文章内容中条理性的体现，关键在于写作主体是否具备有条理的思维逻辑，只有在确保思维清晰的条件下，才能保证文章语序的规律性，得到高品质的创作作品。语言运用的好坏，一定程度上由写作主体思维能力的强弱来决定，与语言结构规律性的体现联系不大，学生需要在保证思维清晰的情况下，按照语言运用规则来完成写作。因此，在学生进行语文写作时，势必要遵循语言与思维协调运用的规律，将语言作为信息的载体，在传达信息时，要做好信息的加工和处理工作。这一过程主要是运用思维来完成的，可以说思维在语言表达上起主导作用，要注重思维在语言运用效果上的决定作用。

二是在实际写作过程中，还需要遵循"四体"相继相成的规律。这一规律指的是在写作主体进行创作时，离不开"四体"（主体、客体、载体、受体）中的任一元素，当存在某一因素运用不当时，都会导致写作行为中断，因此学生有必要确保在写作过程中明确写作主体、写作内容、写作技巧的运用以及写作面向对象，保证上述元素形成统一整体。正是多个写作因素相互制约才能形成一个完整的写作系统，为写作过程的顺利开展奠定基础。写作主体即处于写作状态下的个体，会受到客观因素的影响而产生写作欲望，进而进入写作这一过程。这时写作主体的感受、行为等与其他处于常态的人有明显差异。对于学生来讲，当其成为写作主体后，将对周边事物更加敏感，并希望通过情感的融入来提高作品层次，以便引起受众共鸣。写作客体则指的是被描述的对象，通常将与写作主体存在某种联系的客观事物称作写作客体，包括一切被描述的精神世界以及物质世界等，写作客体是多样化的，需要创作者结合写作需求，从客观事物中收集相关写作信息。写作载体主要是指进行写作的工具，包括语言文字符号和由文字符号及写作结构结合而成的写作成果。文章主要起到传递信息的作用，从创作过程来看，其又是精神产物的物化形态。可将写作载体看作是形成写作行为的、借助语言材料文字按照一定规律排列起来并传递信息的系统，由主题、材料、语言等多个基本要素组成。写作受体指的是写作行为的接受对象，即文章接受者，写作受体通过阅读文章来接收信息，需要完成认识文字、转换文字信息等过程。由此可见，写作受体在接收信息时，主要是基于对语言符号的认识。为了确保写作行为活动取得理想效果，学生有必要加强对上述写作因素的掌握，并能在明确写作主题的条件下，创作出高质量文章。这是学生进行写作实践时要严格遵循的规律，以免出现写作行为中断等现象。

三是知行融会贯通的规律。知与行的融合是创新的重要基础，创作者要在明确认识融会贯通道理的基础上，处理好借鉴、创造之间的关系，这对文章质量的提高有重要意义。借鉴已有的优质文章，在吸取其中优点的同时加入创造性内容，是提高写作水平的关键。教师利用先进的写作经验来指导大学生进行写作实践，可保证写作行为活动的有序开展，同时学生在已经掌握一定理论知识的情况下，需要通过不断实践来实现理论的消化和吸收，并在实践中检验和发展。在实践基础上，理论知识可无限发展，学生写作能力便是在反复认识和实践中提高的。写作要做到继承和借鉴，同时离不开革新和创造，学生需要在上述行为有效完成的情况下，最终达到写作水平提高的目的。因此，大学生在进行写作时，要确保知和行的融会贯通，进而在对写作规律有明确认识的情况下，保证写作行为活动的顺利进行。

2. 大学生写作的心理特点

（1）独立性

大学生写作的心理特点主要体现为独立性，这与大学生心理变化有关。随着大学生独立倾向的凸显，他们更倾向于在写作过程中独立完成审题、素材收集和整理等过程，进而达到预期的写作效果。学生在写作时体现出的独立性心理特点，对学生写作水平的提高有积极意义，教师在写作教学过程中，要注重对学生写作独立性的培养，从而提高学生写作意志。在日常的写作教学中，教师应引导学生明确写作目的及意义，促使学生对写作有充分认识，并能在此基础上确保学生写作行为的规范性。大多数学生在进行写作时，通常存在独断性和盲目性的问题，主要体现为容易受到外界因素干扰，导致学生写作目的容易被改变，缺少写作原则。此外，写作独立性还体现为学生在没有充分把握写作规律时，对教师指导意见重视程度不够，容易造成写作大方向出现偏差。针对上述问题，教师在制订教学方案和教学内容时，要优先考虑学生写作时的独立性这一心理特点，做适当引导，进一步提高学生写作水平。

学生独立性心理特点应主要体现在选材与立意等方面，如果引导得当，学生能做到结合自身意愿来独立完成写作，加强学生在抵制外界因素干扰方面的能力，以确保写作行为活动的顺利开展。为了确保学生写作能力的提升，在实际写作教学时，应做到以下几点。一是避免抄袭现象，语文教师在布置写作任务时，要严格控制学生文章雷同的现象，要求学生能保证在写作过程中体现独立性特点，并且在平常的写作训练中，可鼓励学生根据其感兴趣的内容选择写作主题，并能在充分调动已有知识的情况下，丰富写作内容，保证写作实践活动在充足素材的基础上顺利开展。二是文章写作时要凸显写作主体独到的思想。学生在实际写作的过程中要将自己的想法表达出来，并通过文字形式将自己的写作思想传达给受众，要避免写作过程中受到外界因素干扰，进而导致文章缺少新意。大学生的情感和心理都逐渐走向成熟，这就促使学生在进行创作时，更倾向于创作体现自己写作风格的文章，为了帮助学生将这种心理倾向逐渐发展成独立自主的思维品质，教师则需要引导他们将自己的独立意识运用到实际创作中，并指导学生明辨是非，确立正确的价值取向，促使学生将自身优势发挥到极致。

（2）求异性

大学生在进行写作实践时，还体现出求异性的心理特点，主要表现为学生为了突出文章新颖程度，在素材选择和写作技巧运用等方面与他人不同。学生写作时的心理特点主要与学生心理变化有关，相较于高中阶段的写作而言，大学生写作更多借助理性思维，追求文章在依据事实根据的情况下实现质量的提高，并且希望通过写作素材的特殊选择，来吸引受众阅读文章。为了尊重学生求异性这一心理特点，实际写作教学时，教师应鼓励学生将创新思维与写作融合起来，利用生活资源作为写作基本条件，并通过观察来获取较多写作素材。只有在对生活实际进行观察及感受的情况下，才能保证文章写作与生活经验的有机结合。这样不仅能促使文章体现出创作主体的个性特点，还容易引起受众共鸣。因此，注重对学生写作创造力的培养，是确保学生文章体现独特鉴赏价值的关键；保证教学方法的选择满足学生求异性的写作心理特点，是加强语文写作教学效果的关键。

（3）理智性

除了上述写作心理特点外，大学生在写作实践中还表现出明显的理智性心理特点，如学生在收集写作素材后，将根据素材提供的信息，并按照一定的写作原则进行创作。在整个写作过程中，能明显感受到学生严谨性和理智性的特点，因而文章借鉴价值也得到提升。因此，教学实践中，教师要加强对学生写作原则、写作活动流程等方面的教育，以促使学生能在基于大量素材的条件下，合理选择写作手段，确保文章具有较高参考价值。另外，学生理智性写作特点对教学内容的设计也有一定影响，由于大学生理智性心理特点在写作过程中的体现，教师需要选择内容精练的优质文章，通过鼓励学生学习其中的写作策略等，促使学生凭借写作方法和技巧，将理性思维充分体现在文章内容中，进而创作出高质量的文本内容。

（二）大学创新写作教学的任务

1. 提升学生的书面表达能力

（1）学生语文书面表达能力基本结构

有关书面表达能力结构的划分，已经有研究资料对此进行了充分论述，有研究者认为写作属于一种特殊能力，主要由审题、立意、组材、表达及修改等多种能力组成。另外，还可从写作心理过程角度出发来进行写作能力的分类分析，并将其划分为观察及分析能力、审题能力以及语言表达能力等组成要素，要求创作者同时具备上述能力，以便得到高质量的创作作品。还有研究者从思维品质方面着手，将写作结构划分为灵活性、敏捷性、深刻性以及创造性等多种思维品质。写作是一个考验创作者多方面能力的过程，因此学生需要做到对写作能力的充分掌握，以便有针对性地提高写作能力。另外，利用定量的方法对学生写作能力结构加以研究分析，可将其划分成写作能力要素、词汇量要素以及词语能力等。

（2）书面表达能力对学生发展的重要意义

书面表达能力对学生发展的重要意义主要体现在以下方面。一是提升学生的语言能力。书面表达能力通常被看作是一种综合能力，是阅读写作教学的重要目标，教师需要在写作实践过程中，加大对学生书面表达能力的培养。书面表达能力被看作是语文发展核心能力，相较于阅读能力等其他能力来讲尤为重要，因此确保语言知识的充分积累，才能达到较好的写作状态。同样，书面表达能力不断提升能带动其他能力发展，如对个体语言能力的提升有明显作用，能通过写作训练的开展，丰富学生语言体系，进而提升语言能力。二是促进学生观察能力的提高。观察是写作的起点，学生需要凭借自身经验有计划地对生活进行重新认识，通过观察获取大量写作素材，从而扩展写作思路。观察是一种体现出层次性的思维活动，重点在于对事物内在的把握。因此，在提高学生书面表达能力时，势必会促进学生观察能力的提高。书面表达能力可看成是提升观察力的有利促成因素，在观察能力培养上起到保障作用。因此，教师需要在对书面表达能力在个体发展过程中的促进作用有所掌握的情况下，有针对性地组织写作教学活动，进而发挥出写作教学在学生语文素养培养上的积极作用。

（3）对于培养学生书面表达能力的建议

语文写作教学在提高学生书面表达能力方面有重要意义，为了充分发挥语文写作教学功能，有必要从以下几点出发，对学生进行书面表达能力的培养。首先，应注重基本功练习。书面表达是语文知识的结合运用，不仅要求知识积累量充足、语句运用准确，还要求字迹清晰、语句通畅，因此要从基础训练着手培养学生书面表达能力。在实际教学时，教师应引导学生积累日常阅读中遇到的有借鉴意义的语句，并在练习实践过程中能通过合理运用语文知识来将其内在思想表达出来，为之后的书面表达奠定基础。其次，还应注重课上的限时训练。语文写作训练包括审题和具体写作等环节，在审题阶段要求学生根据已知材料，收集写作主题信息，在对写作主题有所把握的基础上，再次搜索知识体系中已有知识，通过知识的运用，形成一个初步的写作框架。在实际写作过程中，学生要通过语言表达技巧的运用，将自身写作风格及情感等表达出来。为了达到较好的写作训练效果，教师应限定学生在规定时间内完成写作训练，这样有利于激发学生潜力。总的来讲，教师在进行语文写作教学时，应充分认识到这类教学活动在提升学生书面表达能力上的积极作用，进而从这一角度出发，有针对性地选择教学方案及教学内容等，从而完成教学任务。为学生未来发展奠定基础是写作教学重要价值的体现。

2. 提高学生的思辨能力与健康思想

（1）学生思辨能力及健康思想本质特征

从本质层面来分析学生思辨能力，可将其看作是体现个体理性思维能力，并反映出个人理论素养的一种能力。思辨指的是深思明辨，大学生在思考问题时可能存在思维片面性、思考简单化等缺陷，无法做到对客观事物本质特征的深入认识，因此在开展教学活动时，教师要针对学生身心特点，在明确教学任务的基础上，加大对学生思辨能力及逻辑能力的培养。而语文写作教学活动的组织，能有效实现上述教学目标。另外，语文写作教学实践还有利于学生心理健康发展，为学生提供多样化写作素材，能帮助学生及时掌握社会热点问题，并在吸收多种观点的情况下，实现自身对客观事件的明确判断，进而促进学生心理良好发展。具体来说，思辨能力的提升及心理健康发展是学生发展过程中需要实现的主要目标，从它们的本质来看，主要与学生理性思维能力有关，这就决定了语文写作教学能起到促进学生思维能力提升及心理健康发展的作用。

（2）提高学生思辨能力的教学策略

要想取得理想的语文写作教学效果，在教学实践中，需要采取适当的教学策略，以便提高学生的思辨能力。

首先，应营造平等对话的教学氛围，鼓励学生在对话过程中掌握思辨能力。对话式教学是语文学科主要采取的教学方法，要求教师能充分认识对话理论。真正的对话式教学应是在基于真诚合作的条件下，以创新和知识探索为主要目标，尊重学生思想并要求学生具备独立的批判意识，在上述情况下可保证语文写作教学取得较好效果。因此，教师在开展语文写作教学时，要鼓励学生将自身看法讲出来共同讨论，进而为学生提供思辨空间，培养学生思辨能力，同时在学生掌握一定语文知识的情况下，促进他们心理的健康发展。

其次，在实际教学时，还应激发学生的写作学习兴趣，调动学生思辨积极性。目前，学生大多被动地获取知识，课堂上师生互动较少，主要是由于在教学过程中，学生言语权得不到足够保护，并且教师留给学生思辨的空间和时间较少，导致学生疲于思考。为了解决上述问题，教师需要充分落实学生课堂主体地位，引导学生积极思考，逐渐树立学生问题意识，促使学生养成独立思考习惯，从而提高学生的思辨能力。由于写作教学主要教学内容包括研读教材文本、积累经典美

大学语文教育研究

文等方面，在学生掌握足够的写作素材后，便可运用写作技巧创作出体现自身风格的文章，这一过程需要学生具备自主学习意识、思辨意识等，需要学生在明确判断写作主题后，综合运用多种语文知识。因此，可以认为写作实践的推移，有利于学生思辨能力的提升，收集资料和讨论的过程能实现知识的延伸，使得写作教学课堂高效开展。

最后，为了加强对学生思辨能力的培养，在进行语文写作教学时，教师还应转变表达理念，鼓励学生通过利用多种表达形式进行内容阐述，这不仅有利于提高学生的语文素养，还能丰富语文教学内容，在培养学生思辨能力上有重要意义，同时有助于学生心理健康发展。例如，在进行写作教学时，教师可要求学生利用口头表达的方式，通过组织演讲、辩论和新闻评论等活动提高学生表达能力，并训练他们的思辨能力。上述形式对学生来讲有较大吸引力，学生会自觉准备演讲材料，通过选题、素材收集、修改演讲稿和琢磨演讲技巧等环节的完成，最终达到较好的演讲效果。在上述过程中，学生会力求选题的新颖独到，确保演讲角度新鲜，话题能引起共鸣，因此采取上述教学方法势必会完善学生的知识体系，锤炼学生心理。我们可将这个过程看作是一次重要的思辨训练。另外，辩论活动的组织同样能充实辩论知识储备量，同时，在辩论过程中还能提高学生的反应能力。总的来说，学生在进行写作训练时，要凭借自身各方面能力来完成写作任务，尤其在审题和收集写作素材等过程中，学生要独立思考，合理选择写作技巧，从而确保写作教学课堂的顺利开展。

3. 培养学生独立自主精神和实事求是的文风

随着素质教育在大学写作教学上的充分落实，写作教学将培养学生独立思维、提高学生创新能力作为主要任务，教师要突破传统教育理念的限制，以激发学生自主学习意识和自主思考意识为主，选择自主学习的方式，为语文写作教学发展注入活力。在进行语文写作训练时，教师通常要求学生通过利用已经掌握的写作技巧，形成体现独特写作风格的文章，因此在写作过程中，更多的是注重学生创新思维和独立思考意识的运用，以便突出文章创作价值。不断的写作实践将促使学生逐步形成独立自主精神，能自行进行审题和素材收集等，并在借鉴其他优质文章的基础上，丰富自身写作素材体系，进而为写作练习奠定基础。这是提高学生语文写作能力的关键。同时，学生写作能力的提升，将带动其他能力得到良好发展，如他们的独立自主精神将在教学实践开展过程中逐渐强化。另外，写作教学的主要任务还包括培养学生实事求是的文风，由于学生写作训练都是基于一定写作素材的条件下开展的，对于学生而言，写作过程便是对已有素材进行整合和有效阐述的过程，要求学生能做到实事求是，确保创作出的文章有参考价值。大学生在论文写作、新闻稿编写等方面都需要运用到自己的写作能力，因此大学语文写作教学的开展有重要意义。写作教学实践活动有助于提高学生的写作能力，并促使他们形成实事求是的文风。这是大学写作教学在学生发展方面重要意义的体现，将进一步实现学生整体能力的提高。

笔者对培养学生独立自主精神及实事求是文风有以下几点建议。

（1）改变写作教学观念及方法

心理学有关研究表明，大学生相较于高中生来讲，其心理层面已经发生了明显变化，已经产生了摆脱各种约束的独立倾向。这种情况下，学生更希望在交往过程中被人尊重和理解，在实际写作教学时，教师要重视学生这种独立倾向并做适当引导，促使这种倾向逐渐形成珍贵的独立精神，这是促进学生全面发展的关键。为了取得预期写作教学效果，教师要及时转变教学观念及方法，重点关注学生独立思考及独立判断等能力的培养，独立思考能力是重要的思维品质，并且是学生进行一系列创造性活动的基础。提升个体的独立判断和思考能力应作为教育首要目标，从而全面培养学生能力。要想实现上述教学目标，教师应帮助学生养成习惯思考的行为特点，尊重学生看法，并针对学生的疑问合理设计教学重点。写作教学在开展过程中要重点关注对学生否定意识的培养，包括对教学内容和写作理论的质疑，以及对观念的否定等，进而将学生独立倾向逐渐培养成一种珍贵品质。另外，教师需要让学生习惯提出自身想法，促使学生从新颖的角度对文章进行分析。在传统写作教学中，学生写作已经逐渐成为一种概念化、公式化的文字游戏，无法保证学生在写作时运用自身独特观点，导致写作教学质量不高。因此，在教学活动中，教师要注重加强对学生独立思考能力的培养，教师应在明确课程整体规划的基础上，利用多样化教学方法来激发学生思考积极性，避免学生利用固定写作模板完成写作训练。在教学中，教师要引导学生及时提出自身观点，从而让学生将创新思维运用到写作实践中，增强他们的独立自主精神。

（2）提供开放的写作环境

教师在开展写作教学时，要起到培养学生独立自主精神的作用，在掌握学生心理变化特点的基础上，为其提供相应的教学内容及教学方案，从而提高语文写作教学效果。要想满足教学任务高效完成的要求，教师则需要为学生提供开放的写作环境，以便激发学生写作欲望。任何事物的形成都要依靠外部条件，对于创新思维来讲，在培养学生这一思维品质时，要为其提供自由、开放的学习环境，这种环境有利于学生快速吸收写作知识和信息，将这些内容传递至大脑中，促使大脑处于兴奋的思维状态，从而激发学生创造性思维，为写作实践的良好开展奠定基础。大学写作教学本身便为开放学习环境的营造提供了有利条件，教师可通过组织职业生活体验活动、假期实践活动、文化考察、社会调查等，让学生在多样化教学活动组织下进行学习和锻炼，为创新思维的运用提供开放空间。具体来说，学生的写作实践涉及多种能力的应用，提升学生写作能力可进一步带动学生独立自主精神的培养。教师要严格要求学生写作质量，促使他们能借助大量写作素材创作出体现创新精神的文章，培养学生形成实事求是的文风，从而提高学生的语文素养。

（三）提高大学生创新写作能力的基本途径

1.提高认知能力

（1）提高学生的抽象及概括能力

对学生写作技能的培养应主要以抽象及概括能力为主，并在此基础上，实现学生认知能力的提升，这是由于理性思维能力的根本便是抽象及概括能力，而抽象思维在发展学生写作技能方面起着引领作用。因此，为了加强对学生认知能力的培养，写作教学有必要从提高其抽象及概括能力这一角度出发，以便真正发挥大学写作教学在培养优秀人才上的作用。人们借助思维开展一系列工作，并通过抽象和概括，将写作内容的实质和多个要素间的规律性关系展现出来。不同写作主体的抽象及概括能力有所差异，这就决定了他们创作出的文章在层次和精确程度上有所不同。从这一角度来看，个体抽象及概括能力将直接决定文章质量，教师需要在确保抽象及概括过程有效开展的情况下，为写作实践的开展奠定基础。例如，大学语文教师在组织写作教学活动时，为学生提供具有观赏价值的电影或者纪录片等，要求学生在欣赏影片后，对其主要内容进行概括，旨在利用有限文字将影片内容揭示出来，并吸引受众观看影片。如在对电影作品《罗拉快跑》进行内容简介时，要求学生能从电影想表达的思想出发，通过阐述罗拉在多次尝试中获取的成果，借助人物性格特点分析和事件阐述等，使得受众充分了解这一电影作品。这种教学方法能在一定程度上提高学生的抽象及概括能力，进一步保证学生在写作时，能在较高认知能力的作用下，利用精练的文字将文章主题呈现出来，有利于提高学生写作水平，并加深他们对写作实践的认知。

（2）正确处理理解、实践及发展的关系

写作过程是一个逐渐深化的过程，实质是从了解再到使用等多个层次的过程，教师需要在充分掌握写作教学实质的情况下，帮助学生掌握相关写作知识，并将其运用到写作实践中。学生认知能力的提升便是在这一过程中实现的，学生在进行知识学习时，势必会经过从明白到初步掌握的过程。将理论知识运用到实践中能有效提高学生面对写作实践时的认知水平，有助于学生把握写作素材信息，通过整合多种写作素材，为写作行为的顺利开展奠定基础。学生的认知能力可看作是对写作本质的认知，以及对素材的处理水平等，只有在保证学生将理论传授课程和实践课程结合起来的条件下，才能发挥写作教学功能，进而提升学生认知能力。在写作教学中，教师可主要从认识理解、拓展应用等方面着手，确保学生对写作行为活动各方面的要求有基本了解，并能根据相关要求来进行写作。总的来讲，认知能力是写作能力体系中的主要组成部分，要想提高学生的整体写作水平，有必要从认知能力提升这一方面着手，让学生真正做到在写作时，明确写作原则和写作行为规范，在不断实践中，实现自己写作认知能力的提升。

2. 锻炼表达能力

（1）作文主题贴近学生生活实际

为了提高学生的表达能力，写作训练应确保能激发学生的写作欲望，进而促使学生积极参与到写作教学活动中。写作训练是针对某一具体作文主题开展的，教师需要确保作文主题的选择与学生生活实际联系紧密，从而方便学生写作素材的积累，并且有利于调动学生的写作兴趣。大学生已经积累了一定量的写作知识，大学时期的写作能力培养应主要通过提高其理性思维能力、创造能力以及认知能力和表达能力来实现。写作本身是一种实践性较强的行为活动，需要借助语言文字的载体作用来实现文章内容及情感的精准表达。在写作主题布置上要满足大学生写作训练需求，尽可能通过写作主题的合理选择来调动学生的写作欲望，从而在实践过程中提升其语言表达能力。例如，教师可针对学生关注的社会热点问题，如共享单车大量报废等问题进行讨论，在讨论中使得多种观点产生碰撞，保证学生在吸收多种观点的情况下，逐渐完善自己的理论体系。之后可要求学生以这一问题为写作主题，并利用已经掌握的理论知识来进行文章写作，确保学生在清晰的思路下有序开展写作行为，以保证文章质量和可信度。上述写作训练持续进行有利于提升学生的语言表达能力；同时在清晰的理论思维作用下，可保证学生将自己的观点通过文字传达出来，确保语言应用的合理性，并在不断推敲修正的过程中，将文章主旨利用有限的文字呈现出来。

（2）设计适当的写作情景

为了获取较好的写作教学效果，教师还应在写作教学课堂中营造适当的教学情境，即通过对目标事物进行形象化描述，促使学生在适宜的环境气氛下运用自身情感和思维实现文章内在情感的充分表达，并提高文章质量。环境的设置能使学生产生融入其中的真实感，更好地感悟文章主题，进而在明确文章主旨的基础上，运用语言文字将其表达出来。由此可见，情景设置同样能起到提升学生表达能力的目的。例如，大部分教师在开展写作教学活动时，会根据教学内容营造相应的写作氛围，通过组织辩论和演讲等活动，引领学生快速进入课堂教学中，在这一环境下，加深学生对文章主题的认识，并引导学生从多个角度出发进行观点阐述。借助语言文字符号及相关文章结构来展现文章主题势必要求学生具备一定的表达能力。在写作实践中，教师应引导学生注重自身表达能力的提高，并将其作为写作训练的主要目标，激发学生写作训练的积极性，并且通过适当的写作情境建设引起学生情感上的共鸣，从而丰富学生创作文章中的情感层次，促进学生表达能力的提升。

3. 增强发现问题能力

（1）克服观念障碍

为了提高学生的写作能力，有必要从学生发现问题的能力这一角度出发，通过加强对这一能力的培养，最终使学生形成较好的写作技能。在实际写作教学时，教师要及时转变教学观念，不仅注重对学生知识的传授，还要培养学生发现问题的意识，使得学生真正认识发现问题这一能力在写作能力提升上的重要意义。目前，还有部分教师在学生发现问题能力培养上存在不足，主要是由于受到传统观念的影响，但是需要注意的是，大多数学生具备发现问题的潜能，教师需要通过设计符合学生能力发展的教学内容，进一步促进学生良性发展。例如，教师在针对某一写作主题进行讲解时，可鼓励学生针对教学内容提出质疑，通过讨论来挖掘写作主题涉及的问题，包括写作角度、写作素材以及写作方法等，通过加强对学生发现问题能力的培养，激发学生的写作学习兴趣，并进一步提高他们的思维能力。教师有意识地引导学生进行发现问题这方面的训练，通过实践活动的开展，学生发现的问题将达到一定深度，进而在问题的引导下，创作出较高水平的文章。总的来说，发现问题这一能力对学生写作技能的整体提升将起到重要作用，教师需要在教育观念及时转变的基础上，加强对学生发现问题意识的培养，以便真正实现学生这一技能的提升。

（2）增加学生知识积累

为了提高学生问题发现能力，教师还要保证学生具备一定的知识储备量，以便为学生对写作问题的深入探讨提供基础条件。教师应在丰富学生知识体系上投入较多精力，通过为学生提供多样化的写作教学内容、在教材的基础上进行知识延伸等，来促使学生获得完善的写作知识体系。问题发现能力主要是通过思维的形式展现出来，但是这一能力的体现需要依靠扎实的基础知识，从而确保发现的问题是有价值的。有研究学家指出，知识量与创造积极性之间存在一定关联，个体的创造能力可在较小信息量的条件下产生，也能在充分的信息资源下产生，但是随着信息规模的扩大，以信息为基础得到的创造性成果，其现实性以及参考价值将更大。由此可见，知识与信息的不断增多是创造的前提，同样是发现问题的根本条件。在写作教学过程中，教师要逐步扩大知识涉及范围，增加知识获取难度，从而为学生发现问题能力的提升奠定基础。对于大学生来讲，他们已经接触过多种类型的写作素材，基本实现了写作知识量的有效积累，但是还需要在这个基础上不断吸收社会新的信息资源。教师在帮助学生积累广阔知识基础的同时，还要注重知识质量的提高，即在掌握一定数量知识的前提下，做到知识组织体系的完善，例如，教师在进行写作教学时，针对某一特定的主题进行知识总结，确保多类知识内容的整合，在进行知识积累的过程中，还需要做到不同类型知识间的紧密联系，确保写作知识处于一种有序和谐以及结构完善的储存状态，为学生写作训练提供知识基础，并且使学生能在掌握一定的知识后，提高问题的深度和难度，从而进一步提升学生写作能力。

4. 提升审美能力

（1）在确定文章主题时提升审美能力

在写作教学中对学生审美能力进行培养时，教师需要在其确定写作主题的过程中加大对这一能力的培养力度。文章主题指的是作者在写作时运用多种材料来呈现出的中心思想，通常贯穿在文章全部内容中，明确体现作者意图。通过对文章主题的分析，读者能了解作者在文章中表达出的对客观事物的认识理解等。主题同样是文章信息的凝聚点，直接决定文章基调及情感。为了培养学生的审美能力，教师应帮助学生在写作时确定积极向上、具有新意的主题，并在选材过程中提升学生对客观事物美的感知以及认知能力。确定写作主题的过程便是将作者自己的情感取向融入其中的过程，这就决定了主题选择阶段与审美能力有一定联系。教师需要通过对这一过程进行适当指导，来达到提高学生审美能力的教学目标。在实际选择写作主题时，教师应以教材为主，为学生提供具体可感的材料，并从多种角度出发，将文章中的情感引入大学生写作实践中。为了引起学生和写作主题情感层面的共鸣，需要保证教学内容体现的思想情感水平和学生心理发展水平基本一致，以确保学生能获取较高程度的情感体验。另外，教师在指导学生在写作过程中融入情感时，要让学生紧密结合写作形象来进行写作，尤其应重点指导写作形象真正打动学生的内容，进一步激发学生写作情感，这是提高学生审美能力的有效途径，通过情感与创作的融合带动学生写作技能的提升，这也是写作教学实践中应重点完成的任务。

（2）在文章结构布局中提升审美能力

提高文章的整体审美价值，需要注重文章结构的合理设置，在实际写作时，写作者需要保证文章结构体现出完整性以及连贯性，从而确保文章整体结构满足文章高质量的要求。同时，对文章结构布局的教学有利于提高学生在布局文章结构方面的审美能力，从而获得高质量写作作品。首先从完整度角度出发，文章中不同局部需要整合成统一整体，遵循文章局部适应文章整体存在的写作原则，确保文章局部及整体之间存在深刻联系。体现文章结构整体性的关键在于，使文章局部和整体表达同一主题，将作者写作思路清晰地呈现出来。对于抒情文、说明文和应用文等不同文本形式来讲，其情感起伏变化以及写作格式等都需要有效结合起来，避免由于某个环节存在问题，导致整个文章质量低下。例如，教师在进行文章结构讲解时，可以针对某一类型文章，对其前面的暗示内容，以及后面的说明内容等进行阐述，以便帮助学生形成写作结构完整的意识，使得文章整体连贯起来，达到整体结构的协调和完整。另外，从连贯性这一角度出发，只有在保证结构连贯性的条件下，才能确保文章结构是完整的。为了达到这一写作目的，文章要能做到在意念上互相贯通、在表达形式上有效衔接，进而带给读者较好的阅读体验，文章结构的连贯性不应受文章内容的影响，写作者需要通过利用理性思维，将文章涉及的材料信息以及观点等系统地表达出来。以郁达夫的《故都的秋》为例，文章始终围绕对故都的秋的依恋这一主题，文章整个语言的运用都达到了统一的语言表达效果，借助情感表达使得文章结构连贯起来，进而使得文章具有较强的逻辑性。总的来讲，在写作实践的整个过程中，作者需要具备较强的审美能力，同时通过不断的写作实践，逐步提升写作能力，进而为其写作实践过程的顺利进行提供保障。

（3）在语言运用中提升审美能力

写作是运用语言表达思维的过程，而语言一半是事物的代名词，一半是精神情感的代名词，它是事物同精神之间的一种媒介体。在写作教学中怎样提高学生的语言运用能力是教学中的难点。从写作心理学、词汇学、美学等理论基础观照写作行为，需要从如下方面加以重视。

首先，要强化学生审美修养。中国自古就有"文以载道"的说法，这是文章写作的价值追求。刘勰在《文心雕龙》中说："'文'的本质乃是'道之文'。"而"道"在儒道两家中的解释有一定区别，儒家的"道"是指社会政治理想，反映人的生存态度；道家的"道"是人对天地自然的认识而产生的人生观、社会观与自然观。虽然两者站在不同角度阐释"道"的内涵，但都离不开人的因素。写作是客观事物作用于人的主观感受的能动反映，"原天地之美达万物之理"，文章的好坏主要取决于"道"的高下，而"道"的高下又取决于作者的心灵境界。作者的心灵境界是对宇宙、人生哲学的思想认识深度和审美品位。提高写作审美品位首要的是消除功利思想，心无杂念。中国哲学的最高境界是"天人合一"，作为万物之一的人，当然也应该具备这样的本质。王维之所以能做到"诗中有画，画中有诗"，正是因为他"胸次洒脱，中无障碍，如冰壶澄澈，水镜渊渟，洞鉴肌理，细观毫发，故落笔无尘俗之气，孰谓画诗非合辙也"。[①] 写作教学的目的就在于培养学生摆脱名利等各种杂念的羁绊束缚，以便使精神的骏马自由驰骋在艺术天地。除此之外，还要加强艺术熏陶。大学写作教学离不开对语言艺术技巧的追求。只有置身于美文美言的熏陶感染中，人的心灵才能获得净化与升华。孔子曰："知者乐水，仁者乐山"，审美和艺术在人们为达到"仁"的精神境界而进行的主观修养中能起到一种特殊的作用。因此，深入体验美文美语是大学写作教学不可或缺的途径。

其次，要增强语感，培养措辞技能。语感是对语句的总体感觉，即用词是否恰当准确得体、表达的内容与形式是否令人愉悦。措辞的技能是动笔当下时刻集中发挥作用的功能，包括语感能力和思维能力。所以在大学写作教学中语感能力与思维能力的培养至关重要。思维能力前面已述，这里主要就语感能力培养做一些探讨。在文学领域，语言的情感表达作用比它的事物指示作用显得更为重要，信息的获得和情感的体验都可以从中得到，但情感的体验应该是更为根本的东西。语感的培养在传统的教学中积累了丰富的经验，主要体现在三个方面。一是多读多练，这是最为常见的语感培养方法。"书读百遍，其义自见""熟读唐诗三百首，不会作诗也会吟""善读者，始熟读而明其章句，继融会而究其义蕴"等正是古人读书的经验之说。反复阅读能将注意力集中到文本的内容里，感受理解其意境与思想，同时体会文章的节奏音韵之美。熟练的记忆、对文本的接受既是词语的积累，也是构句、成文模式的强制性植入。这样的强化训练，能极大地提高学生的语言感知速度和敏锐程度。二是品味语言，理解字词的深情意味，懂得赏析。韩愈在《答尉迟生书》中说："辞不足不可以成文。"一个人所掌握的词汇量与他的写作智商是成正比关系的。所以要经常留心自己的语言，经常观摩别人的口头语和书面语，这是增强语感力的又一途径。三是善于运用语言。生活与实践是语

---

① 李天道. 中国古代人生美学研究 [M]. 北京：中国书籍出版社，2019：175.

言发展和创新的源泉，生活的丰富多彩、不断变化，为语言实践提供了无限空间，生活中的语言也是最丰富、最鲜活的，而且生活中的语言最能及时敏捷地反映时代文化，一个优秀的作家之所以能写出经典作品，就在于他有丰富的生活体验与语言技巧。尤其是在当今全球化的进程中，民族语言的国际化趋势越来越明显，所以大学语文写作教学中重视语言的积累不可忽视。

5.加强交流与沟通

（1）情境创设策略

交流及沟通能力是写作能力中的重要组成部分，加强对学生交流及沟通能力的培养可进一步带动学生写作能力的提升。在实际写作教学中，教师可采取情境创设这一策略，以便为学生营造教学情境，促使学生融入交流环境中，使他们能基于交际语境来进行写作实践。大学生已经具备了一定的写作知识和经验，教师还需要在这个基础上，加强对抽象概括能力的培养，做到对文章主题的准确把握。写作实践中偏题现象出现的主要原因在于，学生没有做到将写作主题和生活情境结合起来，对文章语境掌握不足，导致文章质量低下。因此，教师应注重教学情境的营造，为学生提供交流沟通的平台不仅有利于学生对文章内涵的掌握，还能促进学生交流沟通能力的提高，进一步为学生进行写作实践奠定基础。情境创设策略的实施可为写作教学的开展提供有效途径，并在加强对学生交流沟通能力培养的条件下，提升学生写作技能。

（2）目标导向策略

目标导向策略指的是基于交际语境进行写作时要有明确目的，交际通常指的是为了达到一定写作目的而开展的行为，而写作主要是为了解决某一特定问题而进行的。目前，大学写作教学加大了对学生交流和沟通能力培养的重视，并希望在提高学生这方面能力的基础上，促使他们顺利进行写作实践活动，利用清晰的理性思维和写作知识，形成完整的文章结构，并做到对文章细节的有效处理。沟通与交流能力能在一定程度上反映出学生的思维能力和交际能力，对最终写作效果有直接影响，因此有必要通过教学策略的实施，促进学生多方面能力的综合发展。而目标导向策略在语文写作教学中的运用，能有效实现上述教学目标。例如，教师可通过明确写作目的，促使学生认识到写作教学主要是为了交际进行的。学生需要真正认识到写作本质，进而树立交际意识，利用自身的交流与沟通能力来达到写作目的，发挥文章的信息传递作用。教师在设定教学方向时，应保证教学实践围绕社会交际展开，以便符合学生提高交际能力的发展需求，这是目标导向策略对提高教学质量的积极作用的体现，在学生具备较高交流沟通能力的基础上，提高学生整体写作水平。

第五章　大学语文教育发展研究

本章主要介绍了"大语文—人文语文"教育观的建构；核心素养与大学语文教育改革新理念；跨学科研究与大学语文课程内容的文化建构；网络化与大学语文教学改革与创新；超越传统，创新大学语文教育的评价机制。

第一节　"大语文—人文语文"教育观的建构

一、教学的价值在于过程中的生成

（一）过程哲学对语文教育的启示

一切事物都是在过程中诞生的，一切价值、意义也都存在于过程之中。离开过程，世界会变得虚无缥缈。作为生命现象的言语活动也必须在生命的过程中展开，语文教学的价值自然也是在教学的过程中生成的。忽视或轻视语文教育的过程，实质上是对学习主体的理想精神进行了一种压抑和排斥。放弃对语文教育进行过程性实践，教学将徒劳无功。因此，探究语文教学的有效途径在于对语文教学过程进行深入研究。我们借助怀特海（Whitehead）的过程哲学，对语文教育的过程做出哲学意义上的分析。

在本体论上，过程哲学坚持过程就是实在、实在就是过程，过程之外没有实际存在物。怀特海说："一个现实实有如何生成决定了现实是什么……其存在是由其生成决定的，这就是过程原则。"实际存在物经历了一个从状态向状态生长的转变、整合和再次整合的过程。整个宇宙都是由各种实际存在物演化而来的历史进程，包括自然、社会和人类生命。因此，唯有过程哲学能够提供一个明晰的宇宙，其中，过程动态的现实性和相互依存性构成了直接经验的根本。当我们离开了对各种实际存在物生成过程的探究，我们的视野便会被一片茫然无措和混沌所笼罩。

在主客体关系的层面上，过程哲学主张主客体之间的对话和融合，以消除二元对立的影响。所有在现实世界中存在的实际存在物，相对于某种作为"主体"的既定实际存在物而言，必定会被该主体所感知。所有能够激发主体特定活动的实体，皆可被视为认知对象，即客体。在认知的过程中，客体作为一种客观存在，与主体的真实存在紧密相连。在认知过程未真正发生之前，主客体之间并不存在明显的区分，而是随着实际存在物之间的互动而逐渐形成，主客体之间的关系以及主客体之间的理解都是逐渐发展而来的。在此过程中，主客体得以生成与"相遇"。怀特海说："实际存在物的本性唯一地在于，它是某种正在被摄入的事物。[①]"

在对个体特征的认识上，过程哲学认为，有机体的本质特征在于其活动，这些过程构成了有机体各元素的不断创造。过程哲学认为有机体的存在是一种源源不断的生命活动，其生命力源源不断、永不枯竭。过程之外没有存在，世界是由无数个个体的实际存在物所构成的生成过程。每个个体都是由其独特的属性和相互关联的关系所构成的有机体。

过程是教学价值产生的根本。通过运用怀特海的过程哲学，我们可以更加深刻地认识到对话教学所带来的价值。事物的存在方式，即过程，是其发生、改造和发展的必经之路，也是走向目标的必经之路。因此，"存在"并非一种抽象的概念，而是一个复杂的过程。由此可知，教学过程就是学生和世界在对话过程中"相遇"并相互生成的过程。怀特海把教学过程分为浪漫想象、精确分析和综合运用三个环节，认为儿童时期主要是对实际存在物的浪漫想象，少年时期是对实际存在物的精确分析，青年时期则应走向综合运用。他是从学生不同的年龄阶段来说的，其实，每一个教学活动都应该包括这样的三个阶段。教育就应该是这样的一种不断重复的循环周期，由浪漫想象、自由探索进入精确分析，然后走向综合运用。

语文教育是有机体，是作为过程的存在，涉及多种因素的相互作用和相互影

---

① 怀特海.过程与实在 [M].杨富斌，译.北京：中国城市出版社，2003：73.

响。这一过程具有生成性，即有机体在不断地演化和变革。在语文教育的理念中，这是语文教育观念中的最根本的蕴涵。正如怀特海所言，"存在"的本质在于将数据转化为结果，因此任何存在于其中的事物都必然会被卷入"事物之流"的漩涡中。语文教育的目的在于推进过程。语文教育的过程呈现出活动的持续性、动态的现实性以及主客体的相互依赖性。在语文教育中，主体直接经验作为一种生动而基础的素材得以孕育。思维的萌芽源于直接经验中的情境，而正是这些情境的本质激发了主体对问题的追问和思考。

语文教育是主体与客体进行双向交流的过程。在这一过程中，正是主体与客体的相互融合，形成了一个不可分割的主体。由类似磁场存在而完成的这一过程，我们称为"感受"。任何事物的存在都离不开感受，因为感受是一种心理体验和激发。怀特海认为感受无法从感受的主体中抽象出来，正是借助于主体感受才成为一种事物。感受是主客体之间发生关系的中介。也就是说，如果感受缺失，主客体之间的"相遇"将无从谈起，这将导致宇宙中存在的有机体分裂成独立的碎片。

语文教育就是学生精神成长过程。心灵和智慧是构成精神的两个不可或缺的元素。它的实现源于对实际存在的感知和推断。实际存在物启迪了主体的精神，并将其反过来映射到了存在物上。产生感受的先决条件在于多方面的交流和互动。人类的心灵并非被动地反映自然，而是以意义的方式赋予生活经验，积极解释和转变概念的能力和智慧，更多地体现在对知识的掌握和运用方式及其效益上，而非仅仅是对知识的记忆。语文教育是一项富有探索精神的创新之旅，其中蕴含着无限的可能性和挑战。在这一过程中，随着主客体的逐渐交融，受教育者与世界的互动范围和深度也逐渐扩大。

（二）过程和方法在语文教育中的位置

在语文教育中，知识和能力、过程和方法、情感态度和价值观这三个目标相互交织，形成了一个不可分割的有机整体，而在这个有机体中，过程和方法的目标扮演着至关重要的角色。

实现知识和能力的目标需要在具体的过程中运用恰当的技巧和策略，方能达成。知识的领悟和应用需要经历一系列的过程，而能力的培养则必须依赖于具体的实践和探索。方法是由一系列相互关联的环节所构成的，这些环节之间的内在联系构成了整个过程。知识的掌握和能力的形成是不会凭空产生的，需要依据过程和方法才能实现。知识是人类智慧的结晶，只有通过不断的实践和探索，才能将其转化为实际的应用。要获得能力，必须通过亲身实践和反复练习，还需要运用具体可行的方法。同样，在实现情感态度和价值观目标的过程中，所需的具体过程和方法是不可或缺的。情感的萌芽离不开实际存在物，情感是主体和客体之间深入交流的精神结晶。即便受到他人情感的感染，也需要经历主体与主体之间的交流过程，并且若想真正被感动并接受他人情感，就必须深入了解和感受他人情感的根源。一个人的价值观需要通过对客观事物的深入认知、情感的激荡来生成，之后还要在主体的实践行为中才能体现出其所持有的价值观，由此可见，一个人的价值观形成并非易事。如何对客观事物进行认知、领悟和升华，以及如何支配自己的行为，这是一个值得探讨的问题。将自认为正确的情感态度和价值标准作为现成的结论传授给学生的观点，实在是一种可笑的行为。即使是正确的思想都不能被强制灌输或被动接受。

从语文教育的视角来看，知识与能力、情感态度与价值观构成了一种相互作用的过程和方法。学生的生命力需要通过完备的过程与恰当的方法内化而成。缺乏过程和方法必然导致知识和能力、情感态度和价值观等方面出现虚浮现象，最终也会让学生迷失。从另一个角度看，过程和方法有着具体而丰富的内容。语文教育的过程和方法是学习知识、培养能力、养成良好的情感态度和高尚的价值观的过程和方法。每一个环节和步骤所涉及的对象、要素、动力和结果，都是由知识、能力、情感和价值观等多种因素所构成的有机体。因为知识和能力、情感态度和价值观是不可或缺的，所以过程和方法必须在这些因素的支持下进行，是不可能独立存在的，它们是相辅相成、紧密相连的关系。

在过程之外，不存在任何存在物。在主体与客体相互交融的过程中，主体获得了对客体的启示，而客体则被主体重新赋予了生命的意义，由此就形成了世界。在相遇的过程中，主客相互融合，形成了一个和谐的整体，主体通过相互交融获得并不断壮大自身的生命。若失去此种过程，客体将失去意义，主体亦难以获得和维持自身的生命力。在语文教育中，每一项活动都是认知活动。在学习的过程中，学生逐渐领悟世界的本质，并在此基础上不断拓展自我认知。他们从大自然、人类社会、科学艺术中获得心灵的召唤、智慧的领悟，同时，他们以内心的阳光照耀万物。学生学习的过程就是认识事物的过程，也是学生的心灵与世界融合的过程。通过这场深入的对话和交流，世界变得更加开阔，学生的生命也因此得到了蓬勃的发展和壮大。这一过程并非瞬间完成，它涵盖了一个心理时空，其中物质和精神相互交织，孕育出新的精神成果的各个环节。人类的认知和精神活动无法仅凭一步之遥就跨越起点和终点的界限。在探索过程中人的生命得以生长，在具体的过程中人的认识得以完成。

在整个过程中，方法都有体现。本质上方法是主体与客体、主体与主体之间相互交织、相互影响的一种方式。方法并非仅仅是一种技术手段，而是一种思想的现实、面向世界的态度。如在语言全息理念的指引下，我们实践着一种从词汇中探寻作者思想和情感的方法。如以情景交融为基础的写作方式，实则是主客融合的产物，反映了天人合一的理念。又如综合学习的方式，实则是我们以系统化的视角审视事物，同时也是对事物真实存在状态的映射。每个过程都是由一系列具有创造性的方法构成的，这些方法是过程的核心内容，它们共同构成了一个充满活力的过程，其中许多目标都是一致的。

过程和方法的特性是实践性、发展性、流动性和综合性，下面介绍一下这四个特性。实践性就是任何过程和方法都是主体的实践活动，在进行物质或精神的生产时，都要认知客观存在物。在进行过程和采用方法时，主体的结构必然会发生变化，从而通过吸收外部信息并在内部重新组合，使其达到一个全新的高度，这就是发展性。流动性是一种不断变化的过程和方法，它始终贯穿着从一个环节到另一个环节、从一个开端到最终结果的全过程。综合性是指，任何一种过程和方法都是由主客体两个系统中的目标、材料、动力、流程、结果等多个环节要素所构成的。

语文教学过程是由一些可操作的具体的方法构成的。语文教学的方法不是单纯的技术问题，它受制于教学的内容和目标，是语文性质的反映，是师生思维的现实，甚至还能从一些方法上看待时代的影子和社会思潮的涛声。所以，对语文教学方法的研究在本质上是关于人的价值的追求。

"语文知识教学应区分不同的知识类型：对于'现象知识'应以体验为主要途径；对于缄默知识，采取以案例为主要形式的知识教学法；对于原理知识、程序性知识，采取以训练为主要行为方式的知识教学法。^①"学生的隐性知识资源是在生活实践中获得的，倘若学习情境和获得隐性知识的生活情景悬殊，运用隐性语文知识的迁移活动就极难产生。在两个相似的情境中，学习迁移更容易产生。教师要尽力创造适宜的课堂情境，调动学生的隐性知识资源。

二、教育观的建构

"大学人文语文"的内容不仅符合当代学术发展的需求，还紧跟学科综合的发展潮流，"大学人文语文"的内容发展将朝向综合化演变。传统文学是"大文学"，它融合了文学、历史和哲学的元素，是人文学科意义上的一门语文。其内容明确探讨了大学生在精神层面上的价值，运用文本进行人文素质教育，这是狭义的文学作品做不到的方面。为了获得明确、准确、理性的回答，需要对文学、哲学、史学、语言学、宗教学、美学、心理学、伦理学等多个学科的知识进行相互解读和观照。若不对哲学、史学、宗教学、心理学、美学和人类学进行深刻反思，文学艺术和语言将无法得到真正的领悟。由此可见，人文语文的综合呈现和阐释需要多个学科的有机融合，而这种融合恰恰构成了人文学科的基石。大学人文语文是综合性的公共基础性课程，它为大学生提供了一个系统的人文思想框架，还对学科的定位和范围进行明确的划分，大学人文语文通过文学和文化文本对学生的人文思想进行系统而深入的阐释，需要注意的是，这种阐释并非将人文学科中的各分支学科相加而成的。

"大语文—人文语文"教育观的提出，符合 21 世纪中国高等院校非中文专业学生的需求，是突破当前大学语文教育面临困境的策略，是适应时代发展趋势的创意，也是由传统"工具语文"转向当代"人文语文"发展的一次革命性飞跃。当前，大学语文教育正面临着一系列危机和困惑，分别是界限模糊的课程定位；受多元文化的影响，跟不上时代发展步伐的教育思想、理念、内容、方法，落后的思想观念和教育方法不符合当前大学语文教育的要求，若不对陈旧的语文教育理念进行改革，大学语文教育也将得不到很好的发展。思想是一盏照亮前行之路的明灯，是所有行动的指引之光。若缺乏富有创造性的教学理念，正确的改革行

---

① 李海林 . "语文知识"：不能再回避的理论问题——兼评《中学语文"无效教学"批判》[J]. 人民教育，2006（5）：24-29.

动将无从谈起。要使大学语文改革摆脱当前的困境，必须先在观念和思想两个方面进行深刻的革新和创新。目前为止，有一些大学语文教师不考虑学生的特点和现实情况，仍在使用传统的语文教学模式，教学思想还在以"纯文学"为主，重复多年的四段论传统教学方式，导致大学语文教学与当前时代的语境和教学对象的特点严重偏离，显然这种教学思想和方法不符合当下时代的教学。在全球化的浪潮中，中国社会正在经历一场深刻的变革，传统的"一元"和"二元"价值观念正在向多元化方向发展，旧有的环境正在被破坏，新的顺序尚未确立，学生的思维也陷入了混乱和茫然之中。随着西方大众文化从边缘向中心的渗透，中国传统文化正面临着激烈的竞争，这导致当代学生在知识结构、价值观念、思维方式以及生活方式等方面发生了显著的变化，传统的纯文学教学语境已经消失。随着文学研究中文化研究的转向，文学和语文教学环境发生了翻天覆地的变化。文学教学和研究与其他学科一样，正以超越界限、拓展空间为目标，不断寻求生存之道；随着时间的推移，不同学科之间的分界线变得越来越模糊，一众文学者，特别是那些研究文学的人文学者，正在转向不同的研究视角，从高高在上的纯文学殿堂，投身于多姿多彩的现实与社会中，对新近出现的各种社会文化现象进行深入的阐释和解读，以满足社会发展对文学精神的需求。因此，大学语文必须紧跟时代发展潮流，创新思维。因为大学语文是塑造大学生人文素养的核心课程，不仅要保持正确的思维方式，更要在"新"字和"文"字方面下功夫，不仅要注重形式和内容的创新，更要采用全新的教学方法，使大学语文与传统语文相比焕然一新，只有做好了创新，才能更好地满足学生的兴趣和需求，最大限度地激发他们的求知欲望，让学生接受并学习大学语文。大学语文的突围之路，始于内部开花、从小环境开始向外拓展，这是学生获益、学校高度重视的必然结果，也是大学语文脱颖而出的最佳途径。

建构一种"人文语文与大语文"的教育理念，并非简单地将语文教育泛化。为了全面发挥大学语文教育的整体育人功能，提高其质量和效率，我们需要超越书本和课堂的局限，关注学生生活的方方面面，因为学生的生命是一个不可分割的整体。此外，语文教育所包含的方方面面都与生活息息相关，如果仅仅将其视为课堂教学的知识目标而忽略了其与生活的紧密联系，那么实际上就脱离了语文教育所蕴含的丰富的意义和文化价值。因此，我们必须将语文教育视为一种文化过程，促进学生身心成长、整体发展和精神成人，从生活入手，实现"大语文——人文语文"的教育目标。

以"大语文——人文语文"为教育观，将"人文文化"作为大学语文教学的主线，全面打通文、史、哲、艺术、宗教、伦理、心理、语言等人文科学内各分类学科之间的知识边界，将文本置于文化的广阔背景中，进行全面审视。在对文本进行解读时，我们不能只关注其中一个方面，而忽视其他方面的因素。从文化的角度来对文本作品进行整体观照时，不能只在文本与社会之间找到简单的对应，也不能孤立地看待作品本身，而是要对多方面的关系进行考察，如文学与艺术、社会、宗教、哲学、科技等方面的关系，还要对文本中蕴藏的民俗风情、价值认同、智慧谋略、崇拜观念等进行深入挖掘，从而让学生全方位地接受各种知识。作为核心课程的大学语文，要担负起提高大学生人文素养的重任，这是因为目前我国大学生的人文素养不高，且人文课程的开设又比较缺乏。大学语文要想突破学科之间的界限，突破各自独立的局面，就需要重点关注并以"文化"为主，建立一个学科之间与知识之间相互融合的结构关系，以满足创新型和复合型人才培养的需求，进一步拓宽学生的视野，培养大学生长远的战略眼光、未来意识，提升其整合知识的能力。

"大语文——人文语文"的教育观，在实施过程中，要注意课程设计与教学过程的文化渗透。在课程的设计上，要以文化遗产为根基，体现出与现代社会和未来命运的关系，还要坚持以人文文化为本位，立足现实、面向未来，着眼于学生长远的全面的发展。在教学内容的选择上，要选择对学生人文素质发展有利的先进文化，如具有认知价值、迁移价值和情感价值的内容。例如，教师通过对《诗经》中男女青年的多种爱情观进行深入剖析，引导学生深刻理解当前的爱情观和恋爱行为，从而实现知识的有效迁移；通过对文学文本进行深入解读，挖掘其中蕴含的当代文化内涵，并将其与学生专业和现实生活紧密结合。借助具体案例进行教学，必将激发学生的学习兴趣，从而实现文化知识的高效迁移。在全球化的大背景下，我们必须高度重视多元异质文化的渗透，这是除了传统文化的一个重要方面。随着网络技术和现代传媒的蓬勃发展，这种多元化的异质文化正在逐渐渗透到人们的文化视野中，对人们产生着深远的影响。青年大学生在面对流行文化时，思维敏捷、观念开放，容易接受并融入其中；他们对各种思想思潮有着强烈的好奇心，追求个性张扬，崇尚时尚潮流，具有很强的可塑性。然而，由于缺乏人生阅历和经验积累，以及文化素养的不足，他们常常会陷入盲目追随和误入歧途的境地。因此，在大学人文语文的教学内容选择中，教师必须将其纳入考虑范围，以确保教学效果的最大化。

第二节　核心素养与大学语文教育改革新理念

核心素养实际上指的就是关键能力，它与核心经验不同，它指的是一种通过自己的主动学习获得的可以适应生活的某种能力。对于学生来说，核心素养就是他们的学习能力，是学生在学习的过程中必须具备的一些可以让自己更好地学习，从而提高自己的学习成绩和个人的发展能力的基本素养。核心素养是一种综合性的能力，而不是某种特定的能力，核心素养也会不断更新发展，跟随时代发展的步伐。

信息技术的发展使人类的生存方式发生了变化，也给每一个人带来了新的挑战。三百六十个行当，每种行当都有其自己的人才，而这些专业人员的核心素养就是他们的专业能力。如果把核心素养理解为对能力的培养，那么学科核心素养就是对专业能力的培养。学科核心素养起到了连接的作用，将课堂上的教学与学生学习到的知识内容联系起来。教育部门对学科核心素养的定义是，学科核心素养主要是指学生通过本学科的学习逐渐形成的正确价值观念、必备品格和关键能力。它包含着智力和非智力因素两个方面，但通过教育来改变的一般是非智力的因素，也就是学生的正确的价值观和必备的品质等。这就要求大学在培养学生的学科素养时，要引导学生形成正确的价值观念和必备品格。

大学语文学科素养就属于一种学科核心素养。不同的阶段、不同的学习水平，学生的学科核心素养也有很大的差异。随着中国在国际上的地位不断提升，我们对自己民族优秀文化的传承与弘扬也越来越关注。语文是一门传承前人优秀文化的学问，从民族的角度来讲，学好了语文，才能更好地传承中华文明，发扬中华民族的精神，才能使更多人了解中华文明的博大精深。从个人的视角来看，语文学科核心素养的培育，能充实自己的心灵，提升自己的气质，让自己的内心变得更加丰富多彩。

一、树立以人为本的育人观

语文核心素养的培养强调在大学语文教学中融入"以人为本"的教学观念，在确定教育内容、设计教学过程、选择教育模式、实施教育环节的过程中要始终以学生为主体，一切从学生出发，让学生通过学习得到相应的发展，学生的知识掌握情况是评价教学成效的依据。

大学语文教学必须适应当前学生的学习需求。大学生对主修科目兴趣较大，认为语文与主修科目无关，对自己的专业发展没有帮助；除此之外，大学生的审美趣味比较大众化，趋向于通俗性。因此，在进行语文教学的过程中，教师要对他们的兴趣点和他们的接受能力进行充分的考量，挑选出对他们具有真实价值的、他们愿意接受的内容，用他们喜欢的形式来展现出来，并引导他们进行批判性的接受和思考，从而获得积极的、合作性的、愉快的学习体验。

高校语文教学必须适应大学生对于未来的全面发展的需求。这不仅是为了让大学生获取"特定技能"，更是为了培养其"新的心态和性格"。语文在培养人的性格、人文素养方面起着重要的作用，语文教学的目的就是要把人文素质与专业技能相结合，引导学生在语文学习中形成自己的价值观、人生观，激发他们的批判性思维与创造性思维，培养他们的团结合作与沟通能力；在未来的工作中，让他们既可以满足工作的需要，又可以不断地学习，以适应快速发展的社会。

在信息化时代，师生能够通过多种途径和多种平台获得知识，教师由知识的传授者转变为学生学习的引导者和促进者，在课堂教学中，教师是教的主体，学生是学的主体。教师要向学生传授自主学习的方法、策略，用自己的示范与展示，指导学生学会选择、鉴别所收集到的丰富的资讯信息，并在吸取前人成果的基础上，形成自己的看法和观点；帮助学生学会团队的组建和协调，学会进行合作学习和成果展示，积极接受评价，积累成功经验并乐于分享。

二、树立大语文的课程观

核心素养的提出，对高校语文教师提出了"大语文"的理念要求，使语文课程不再局限于"知识""学科""课堂"以及"书本""教师""教室"。我们应该走出书本、走出教室、走出学校，让语文课同社会生活相联系，让学生通过观察自然、了解社会、感受生活来广泛学习。课本不过是范本。学习语文不仅要重视在课堂上的学习，更要重视在课外的运用和扩展，如果只限于对课本的学习，是无法学好语文的。大学语文教师把学生的语文教学限制于书本和课堂中，将字、词、句、段、篇肢解开来进行讲解，把一篇优美的文章拆成"零件"，让文章原有的美感消失殆尽。教师付出时间和精力，但学生没有感觉到语文学习的乐趣，自然而然就会对语文产生厌学情绪。

大学语文教学要重新建构课程内容。语文课程的教学不能局限于书本上的理论知识，要突破其局限，丰富、充实语文课堂的教学内容，将语文课程教学与学生的学校生活和社会实践相结合，在课程内容体系建设中实现课内与课外、校内与校外、语文课和其他课的沟通融合，引起学生对自然、文化、历史和社会的关注。在语文教学中，教学内容不能局限于教材上的内容，教师可以根据学校的特点、区域的特色以及学生的专业特点开发教学资源，为学生提供一个内容丰富有趣，能够帮助其开阔视野、提高实践能力的平台。例如，可以开设文学作品鉴赏课、传统文化讲座、影视作品品鉴、文学作品创作、戏剧作品展演等活动，使学生的视野得到开拓，学习境界得到提升，精神需求和审美需求得到满足；可以让学生参观文化馆、博物馆，观看具有民俗和地域文化特点的表演，激发他们对民族传统文化的兴趣；还可以为学生提供一些具有地域和民俗文化特点的社会调研项目，让学生参与到校外社会实践的设计、组织与实施过程中，使课外学习、社会实践对语文课堂教学的拓展、延伸、检验和矫正作用得到最大程度的发挥，让学生在探索中成长、成熟和完善。

大学语文应该对学生的学习方法进行改革。教师应避免将学生看作单纯的教材内容的接收者，要重视学生与课程的关系，在语文教学中以学生为主体，促进认知、理解、体验、感悟、协作、实践等相结合，强化理解、体验、反思、探究、创造的学习方法，注重对学生的创新精神、合作精神和实践能力的培养。教师要注重对学生元认知能力的培养，让学生学会自主学习，学会自行调节学习活动，能够独立发现问题、分析问题并解决问题；要充分利用新媒体，为学生在语文教学中的参与提供更广阔的空间；要充分利用信息技术手段，让学生在网络上进行学习和交流，培养学生的综合能力。

三、树立生态化的教学观

大学语文教学应确立"生态化教学"的教学理念。生态化教学指的是在全新的语文课程教学中引入生态学的原理、方法和价值观。教师要对教学中的每个学生表示充分的尊重，课程设计与课程实施要充分体现学生的自主性、能动性和创造性。在教学过程中，学生与教师地位平等，学生是具有丰富的个人生活的内涵与价值的人，教师要促进学生全面、和谐、有序的发展。这样的教学理念可以有效地改变传统的"记背式""填鸭式""满堂灌"的教学方式和教师主宰教学、学生被动接受知识的师生关系，避免出现教师只注重"两头"、忽视"中间"的情况，防止学生对语文课学习产生厌学心理而引发课堂生态失衡。

在大学语文课堂中，教师与学生之间应该建立起一种平等、和谐的关系。在语文教学中，师生同为主体，过去的"以学生为主体""以教师为主导"的教学观念在大学语文教学中是不适用的。语文教学过程是一种"对话""互动"的过程。学生是学的主体，教师是教的主体，两者共同构成教学过程的"双主体"，在教学过程中，学和教的主体相互影响、相互作用，共同进步。教师不应该高人一等，应该以平等的态度对待每一个学生，以"交流思想""碰撞思想"为己任，营造一个民主、开放、和谐的教学氛围，激发学生的创造思维和能力，让学生积极主动地参与到教学活动中，并在某种意义上能够决定学习的方向和进度。

大学语文课堂应建立一种灵活的、多元化的课堂教学模式。在语文教学过程中，教师应以自己的教学需求和学生的具体情况为依据，确定合适的教学目标和教学内容，选用具有一定科学性和艺术性的教学策略和教学手段，并在教学过程中随时考查学生对知识的接受程度，依据学生知识的积累情况以及教学内容的变化，而不断地更新和调整教学策略。大学语文教学是一个教师与学生进行对话与交流的过程，教师要关注学生的实际情况，用先进的、符合学生学习特点和需求的教学方式来激发学生的语文学习兴趣，将学生学习的积极性调动起来，让学生在学习的过程中能够有所收获。

四、树立多维化的评价观

核心素养对教学提出了要建立多维的评价观的要求，在教育体制改革中，人们最关注的是评价制度，因为评价制度是一个直接的指导和杠杆。评价在教育实施过程中具有评定、导向、反馈的作用，是一个非常重要的教学环节，成功的评价制度能推动教育活动的开展，失败的评价制度则会产生严重的消极影响。课程评价分为测量和评价两部分，测量指的是采用量化的方法考核目标的实现程度，评价指的是对照教学目标对测量得到的数据、材料进行诊断、分析，并提出整改措施，强调对课程实施效果的价值认定。语言教学的评价方法主要有四种：考查和考试法、定性和定量法、自评和他评法和多元微量法。

大学语文教育的评价形式应该是多维的。在大学语文教学中，教师要避免采用"一考定终身"的终结性考查或单一书面笔试考查的评价方式，构建"分项、分级、开放、积分制"的多维化语文水平考试模式。所谓的"分项"，就是将语文考试分为四个部分，分别进行语文基础知识、口语表达、阅读和写作的考试。分级，即将四项考试的内容与要求按优秀、良好、合格和不合格四个等级划分，并按每个等级计算相应的分数。开放，是指对学生的评价不仅限于在课堂上、在学校里的学习成绩，可以扩展到在课堂外、在学校外的学习和实践活动中的表现。积分制，也就是学生在校期间可以参加多次语文测试，每次测试的分数可以累积，毕业时成绩达到一定标准即可。

大学语文教育的评价内容应该是多维的。要建立起正确的考核评价观念，要让学生意识到，评价的目的不是提高成绩，而是要引导他们找到学习中的问题，调整学习方向和目标，从而在最大限度上促进个人的学习和成长。评价的内容应该是多维化的，不仅要对学生语文基础知识的掌握情况进行评价，对学生语文能力的提高程度进行评价，还要对学生在情感、态度、价值观的形成和综合素养方面的提高进行评价，要将认知性评价、技能性评价、情感性评价三者有机地结合起来。评价角度要将重点放在对整个语文学习过程的动态性评价上，要从学生学习活动的各个方面获取评价信息，既要评价学生的课堂表现，也要评价学生在课外社会实践中的表现；要注重对学生综合素质的考核，不仅要注重学生当前的学习成绩，还要关注学生的未来发展，关注学生的潜力激发和特长培养。

语文是一门人文学科，语文核心素养对教师提出了"转变观念，着眼学生的全面发展"的要求，让学生在文化和精神的熏陶感染下掌握出色的语文能力，形成正确的价值观和健全的人格，培养高雅的趣味，学会自主学习，实现自我价值的提升和全方位发展。

第三节　跨学科研究与大学语文课程内容的文化建构

在确立大学语文教学的课程目标、教学观念和教学思想后，就要确定恰当的教学内容和教学方法，本节着重对课程内容的文化建构进行论述。

一、跨学科研究与文本中心内容发散法

"跨学科"一词最初在20世纪20年代的美国纽约出现，它的意思相当于"合作研究"，我国最开始使用的与之意义相近的"交叉科学"一词是在1985年我国召开的"交叉科学大会"之后广泛传播的，直到20世纪20年代，"跨科学"一词才开始在学者之间传播。跨科学研究是当今学术界引用得较多的术语，在学术研究中也是常用的一种方法。跨学科既包含跨越自然、社会和人文这三大学科，也包含各分支学科内部的跨越和融合。跨学科研究是一种对问题的整合性研究，与以往泾渭分明的研究分类有根本上的不同。在国际上，跨学科的性质在目前的许多前景光明的新兴学科中都有体现，跨学科研究是一种科学研究的新方式。

目前，跨学科研究与传统的研究相比在特点和态势上存在着较大的差异。第一，学科的跨度不断扩大，数量不断增加，非学科类的内容也在不断增加，方式也变得更加复杂，边界也变得愈发模糊。第二，在科研过程中，各学科、各领域的科研人员都会自觉地联合起来，共同进行科研合作，封闭式的学科研究逐渐没落。第三，人文科学与社会科学已经成为跨学科研究的热门领域，并对科学、技术进行了大规模的逆向渗透。第四，多学科研究的价值观念逐渐为社会所接受。在学校中，不同层次、不同类型的通识教育尤其是人文教育，都在努力克服因分科知识单一而造成的种种缺陷，在人才的选拔上，社会越来越注重综合素质。许多大型科研项目的参与人员都来自不同领域。上述特征均显示出跨学科研究的良好态势。其实，跨学科研究是素质教育的一个科学基础。因此，当前大学语文课程内容的改革需要借助跨学科研究的理论和方法来开展。

"文本中心内容发散教学法"是依据跨学科理论探索出来的拓展大学语文课程内容的有效方法。这种方法更有利于实现学科交叉和不同背景知识的连接，能有效提高大学生的人文综合素质。其具体做法和内容如下。

在教学内容上，要根据大学生的特点，采用大容量的课堂教学法，以文本（作品）为中心，从语言文字层面、文学层面、文化层面等多角度去透视解析文本（作品），并以作品为中心，广泛联系当今社会和学生生活、工作、学习实际，引入多方面的内容。这样既做到了雅俗共赏，又扩大了学生的知识面，同时也使本课程充满了趣味性，更好地发展了学生的多项素质。如在讲授《采薇》这个作品时，以文本为中心，可以引入如下内容：①《诗经》的由来、内容构成、艺术成就及对后代文学的影响；②《诗经》的现实主义创作风格，赋、比、兴的艺术表现手法，重章叠句的结构形式；③为帮助学生更好地理解作品内容，可对作品中的关键字，如"采、莫、家、王、行、君、子"等字，从文字学方面去解析，从而带出其文化含义，这就引入了学生既熟悉又陌生的汉字文化知识；④由于这首诗写的是战士的戍边情感生活，与国防和军事有关，因而也可引入中国的国防观念以及中国文化中"以和为贵"的"和"的文化内容，进而阐述现代"和"的思想内容（包括和谐、和睦、和平、祥和、和善、中和等含义），其中蕴含着和以处众、和衷共济、政通人和、内和外顺等深刻的处世哲学和人生理念，这种思想对于处理当今国际关系、人与人之间的关系、商业关系以及人与自然的关系，具有普遍的指导意义，尤其在处理经济贸易关系上，"和"就是和气生财、互惠互利、谋取双赢、着眼整体、看到长远。"和"的思想也是经商之道、发展之道。当然，这里还可以结合不同专业，引入企业文化等内容。以上这4个方面的内容都是围绕《采薇》这个作品引发出来的，所涉及的知识面是相当广的，这种以文本（作品）为中心，延伸教学内容的方法叫"文本中心内容发散法"，而这些内容的引入不仅增加了课堂信息量，而且对于提高学生的综合素质将起到很大的作用。

在教学方法上，更加重视对学生的学习方法的指导。在当今信息社会，知识更新快速的背景下，"教方法"比"教知识"更为重要，提高学生自主从多种渠道获取知识的能力比单纯地依靠教师的传授而积累知识更重要。语文学家吕叔湘先生曾经说过，教学就是要教学生学，要把学习的方法教给学生，这样，学生就可受用一辈子。从"教"字的构形来看，从孝从文。教什么，先教孝道，类似于今天的德育，而右边的"文"在甲骨文中的构形表意为一个人拿棍棒或尺子敲打，实际上指的就是教学方法问题。可见，"教"字本身向我们提供了教什么、怎么教的问题。所以，授之以法非常重要。大学语文教学应该让学生"得法于课内，受益于课外"。教给学生方法，让他们自己去尝试、去领悟，最终达到融会贯通的目的。由于现代教育是终身教育，因此让学生获得自学的方法才是根本。

更加重视发挥学生的主体积极性，开展研究性教学。把教学内容课题化，亦即把所讲内容分成若干子课题，再把全班学生分成几个小组，每个小组负责一个课题，分别去收集、查阅资料，再形成观点，然后在课堂上给出一定时间，让小组代表就本课题内容进行发言交流，教师最后总结。尽管这种方法较费时，但学生将会有很大的收获。在这个过程中，学生成了学习的主体，同时，他们的自主能动性、创新精神可以最大限度地发挥出来。再者，学生在解答问题过程中，必然要查阅大量资料，这样也开阔了眼界，扩大了知识面。这种课题式的教学方法能让学生主动而又轻松地参与学习，不再为了学习课文而学习课文，真正成为学习的主人，而教师在整个教学过程中只起着主持、组织、引导的作用。语文学习中学生素质的提高是一个潜移默化的过程，其中需要学生积极主动参与，亲身实践，培养悟性，才能"水到渠成"。

更加重视对学生的创新意识、创新精神、创造能力的培养。江泽民同志曾经指出，"创新是一个民族进步的灵魂""教育在培养民族创新精神和培养创造性人才方面，肩负着特殊的使命"。[①] 大学语文教学是一门思维性很强的学科，在创新教育中具有独特优势。语文教学的核心是思维能力，学生阅读文本、理解词句都是思维的结果，教师课堂教学的主要任务之一就是要开发学生的形象思维能力、逻辑思维能力和分析解决问题的创新思维能力。例如，在分析文本时，教师引导学生运用社会—历史分析法、文本细读法、精神分析法、结构主义分析法等多种方法，从语言、文学、文化等角度去透视文本作品的主题；鼓励学生对问题进行大胆质疑、析疑、辨疑，让学生学会思考，并在思考中提出自己独到的有创新意识的见解，以此来点燃学生创造性的火花，培养学生的创新精神和成功意识。另外，在课堂教学中要营造民主平等的气氛，让学生畅所欲言，说别人没说过的话，发表有创意的见解。这样，创新的素质教育才能够落实。

更加重视将语文学科前沿研究的最新成果引入课堂。教师要积极寻找现代语文教学与专业教学的结合点，使学生能做到学用结合。如在讲授《老子》这一作

---

① 刘琳. 开拓 超越：创新 毛泽东 邓小平 江泽民现代化思想比较研究 [M]. 北京：新华出版社，2002：134-148.

品时，可将老子的"无为思想""水德"和现代企业管理结合起来，充分发掘传统文化思想的精华，做到古为今用。在当今时代，随着经济全球化趋势的进一步加强，出现了文学文化化、文化经济化、经济文化化等现象。文化与经济按传统观念本是风马牛不相及的两个事物，但在市场经济的条件下，已变得密不可分。而且文学、文化的经济化倾向也更加突出地表现出来。如今，许多重大的经济活动和市场运行都需要借用文化这个背景。所谓"文化搭台，经贸唱戏"已成为许多地方发展经济的共识。文化资源演变成经济资源，成为发展经济的一个重要手段。可以认为，当今经济的发展一刻也离不开文化的支持。当今我们已进入了消费主义时代，人们的消费观念发生了很大变化，其特点可以认为是"吃文化、穿文化、玩文化、用文化"。例如，人们吃麦当劳并不是为了解决温饱问题，而主要是为了享受麦当劳那种轻松、方便、快速的文化氛围；穿着得体、时尚的品牌衣服主要是为了张扬个性、显示品位等。因此，作为21世纪的大学生，掌握一定的文化知识（中国文化、西方文化），对于将来所从事的工作会起到很大的帮助作用。现今社会，无论是产品的研究开发，还是市场营销、国际贸易、企业管理、公共关系、广告设计、旅游、导游等专业都离不开文化的背景，因此从文化的视角去讲解文本将成为大学语文教学的一个重要方法。

在教学目标上，运用"文本中心内容发散法"组织教学并通过"教、学、思、行"的过程，使学生的知识上升为"意识"，并将其转化为人才理念，这是最终目标。在知识经济时代，人才是最宝贵的资源，随着社会经济的不断发展，社会对人的要求也越来越全面，"人的全面发展""人的价值实现""以人为本"等理念在社会经济、政治、文化、科学、管理等诸多学科中产生了深远的影响。目前，全球范围内生产力不断发展，人们的物质生活水平不断提高，一些经济较为发达的国家十分注重对本国优秀文化传统的继承和对国外先进文化的吸纳。这是因为科技的高度发达和物质财富的高度丰富的产物不一定是更高的精神文明，在这种背景下形成的也可能是严重的精神文化危机，如人格畸形、人格堕落、人际关系淡漠等，这些问题对整个社会的和谐发展会产生极大的影响。年轻人上了大学，获得了更多的知识，掌握了更高端的科学技术，但他们未必就拥有了理性与良知。一些大学生在精神追求、文化修养和身心健康等方面表现出了较大的问题。有些同学只谈钱、只谈利，以自己为中心，最后竟变得见利忘义，丧失了民族精神和人格。如果我们所培养出来的学生只懂得专业知识，对自己国家的历史和文化一窍不通，没有理想，没有礼貌，没有敬业精神，思想狭隘，品位低劣，那么这样的教育就违背了我们国家的教育方针。因此，大学语文教学坚持以素质教育为中心，对于培养既有专业知识又有健康人格的人才，具有重大的现实意义。在当今全球化背景下，中国人才应有三种意识，即"未来意识""全球意识""生产力意识"。具有未来意识的人才应该高瞻远瞩，而非目光短浅、急功近利，不会因贪小利而乱大谋。如人口、资源、环境问题上的可持续发展战略，是在决策问题上的未来意识。在全球经济一体化的今天，必须站在世界范围内认识世界发展的总趋势，做到在决策上准确定位，这就是"全球意识"。同上述两种意识相联系的是"生产力意识"，亦即"科技意识"。此外，还应有"国情意识"，谁能真正了解国情，并把吸收世界先进的社会意识与中国的国情创造性地加以结合，谁就能立于不败之地。在当今全球化的背景下，学生更要注重民族文化的学习，树立民族意识，增强民族凝聚力，这是综合国力竞争的重要力量，而这些是要靠人文素质教育来实现的，离开了人文素质教育，那就是空谈。因此，大学语文教学运用"文本中心内容发散法"，能更好地实现这一教育目的。

二、跨学科视野下的大学语文课程内容的文化建构

教育的发展必须与时代同步。受教育者的生存和就业环境已经出现了空前的变化，社会需要更高质量的人才。如何培养复合型、创新型和高素质的人才，是每一所高校和每一位高等教育工作者所需承担的重要任务。在此背景下，肩负着提高学生人文素质与语言能力重任的大学语文，应在教学内容上进行大胆的创新与重组，遵循跨学科的理念，以人文素质教育为核心，走"学科综合化"之路，使大学语文成为一门既能拓宽学生视野，又能传承中国文化的精神和提高学生的人文素养的高级人文语文课程。其课程内容要以文化为主线将作品串联起来，形成一个有机整合的体系，不能简单地将作品一股脑地堆积在一起。当然，在应用方面也要格外注意。但是，这里所说的"应用"，并不是"形而下"的"用器"，而是"形而上"的"用道"。由于语言运用能力在学生的高中阶段是其应该具备的基本能力，理应在高中就掌握。因此，高校的语文教学就不应该再有这样的任务了。如果再重复一些字、词、句和篇章结构，那就是废话连篇，学生对此没有任何的兴趣。大学语文要以文化为纲，将文本串联起来，将其中所反映出来的智慧谋略、价值认同、精神趣味、民俗风情等文化内涵按照学科交叉的思想与当前的社会现实相衔接、与学生的专业相衔接，并重点论述如何利用这些文化要素来为自己的专业服务、为自己的生活服务。而这恰恰是传统的高校语言教学中所缺少的，同时也是学生最为关注的。例如，在讲述先秦时期的著作时，应侧重于发掘前人的治国、经营和人生的智慧。而讲唐宋文学时则应强调作品中所体现出来的亲情、友情、爱情、乡愁等人文关怀。这样可以与学生的现实生活相结合，学生会对这门课产生很大的兴趣。这样才能使人文科学、社会科学、自然科学等学科之间实现交叉融合，使学生真正对大学语文产生兴趣。教学中没有死板的说教，通过学科之间的相互交叉，古代圣贤的思想与情感演变为当代的现实文学，文学的当代性问题也在这种化虚为实中得到解决。因此，在跨学科研究理论支持下重构的大学人文语文课程体系涵盖了文、史、哲、艺术等人文学科知识，并实现了三大学科的跨学科融合，打破了学科之间的界限，使学科之间、知识之间建立了一种共融的结构关系。这一以跨学科理念为基础构建的课程体系，满足了培养创新、复合型人才的需要。根据交叉学科的理论和方法构建的大学语文课程的内容，应该具有如下特点。

其一，必须强调语文教学与人文的融合。

目前，普通的高校以培养应用型人才为主要任务，针对这种特点，应将语文和人文结合起来，突出人文性、综合性和拓展性。在语文教学理念上，以"大语文"为指导思想，以"人文语文"为新的课程体系，注重语言与民族文化之间的同构关系。语文中沉淀着我国的民族传统文化的精华，它是民族文化的一个重要组成部分。汉语是中国人的母语，因此语文教学不仅有继承民族文化知识、锻炼民族语言技能的职责，还有涵化民族情感、唤醒民族意识、激发民族精神的使命。因此，在高校的人文语文教学中，一定要坚定地突破传统的单一的纯文学教学观念，不仅要注重生动优美的文学形式，还要注重对哲学、美学、历史、科技等领域的教学，要将文学内容丰富、可读性强的优点发挥出来，让学生在愉悦的审美体验中得到更多的、更有文化内涵的知识。同时，注重提高学生的语言运用能力。语文的本质属性是文化的精神和底蕴。语文教学不仅是语言教学，更是文化教学。

语言是人类区别于其他动物的最主要的文化标志之一，是人类观察世界文化的一扇窗户，也是探索本民族文化精神的一条途径。正如著名的语言学大师索绪尔（Saussure）所言："语言学同民族学关系很密切……一个民族的风俗习惯常会在他的语言中有所反映，在很大程度上，构成民族的正是语言。"民族语言是民族文化的一个重要载体，是民族文化的一个重要组成部分。所以，进行大学语文教育的过程也就是对民族文化进行传承的过程，这是一个聆听圣贤先哲智慧、感悟华夏文明精魂、触摸民族文化血脉、体验民族文化情感的过程。因此，在当今文化全球化的背景下，"大学人文语文"教育强调"人文素质培养加语文能力提升"，这是对传统语文教育的一种扩展和升级。

其二，必须体现由知识本位走向人文本位的人本化特征。

传统的大学语文教学与教材编制往往围绕着文本讲解展开，以对知识的传授为基本任务。这样的编写思路将知识视为工具，忽略了学生的个性发展和人格构建，语文教育的育人作用没有得到最大限度的发挥，导致高校语文教学中的"文化缺场"现象，对学生的人文素养培养也产生了不利影响。人文语文与当前世界上各个国家语文教材编制所追求的潮流一致，从结构到内容，再到教学理论与方法，都表现出了由知识本位向人文本位的转变、由固化的知识形态向鲜活的生命形态转变的人本化趋势。用语文教育来指导学生"认识自己，认识社会，认识自我，规划人生"，指导学生进行个性化的学习与发展，最终达到提高学生语文知识掌握程度、语文能力和语文精神的目的。

基于人文性定位而构建的高校人文语文课程，突破了以知识接受为中心的传统教科书结构，打破了限制文选的条框，建构了以文化为主线，以人格发展、精神完善为中心任务，反映人文学科体系的结构体系。它打破了纯文学的封闭性，构建了一个开放的文本内容体系。增加了人文学科的内容，强调语文教材中文化的特征和功能性，通过开发利用教材中蕴含的文化资源使学生能够通过语文教材对民族文化和多元文化进行了解，挖掘本民族和其他民族文化中蕴含的智慧。为了开阔学生的眼界、拓宽他们的知识体系，让他们能够进行独立的学习和思考，更好地将人文科学与自然科学、社会科学联系起来，课程内容可以跨学科理论为依据按照专题进行排列，以最具有时代价值的先进文化为核心内容。这对学生的自学能力和研究方法的培养有好处，有利于学生在学习上的创新以及对所学知识的深化理解，最终推动他们的个性发展和精神成长。

其三，必须引领语文教育由学科隔离走向学科融合的综合化潮流。

我国高校语文教材的内容一般是一些杂乱无章、缺乏系统性的文选，其根本原因是应试教育。这样的结构和内容安排，并不利于学生构建系统化的知识体系，也不利于提高和发展学生的综合素质。在这样的现实情况下，以"大语文观"为教学理念的高校的人文主义语文才开始有意识地探索一种新的语文扩展途径，凸显其整合性特征。整合性是指知识板块由割裂走向融合，由学科隔离走向学科交流，关注学生的全面发展以满足实际生活和学生自身发展的需求。伴随着课程整合观的建立以及对课程整合理论的深入研究，在编写语文教科书的过程中，世界上许多国家的教材编写教师都非常注重在语文学科内部以及与语文学科之外的各个学科进行知识的交流与融合，尤其重视语文课程教科书与社会发展、科技进步的关系，强化与其他学科跨领域、跨学科的学习交流。跨专业领域的整合，着重强调不同学科间的知识交流。在选材方面，应选择内容丰富、形式多样的文本，对多学科的知识进行综合运用。其中，语文教材的整合对象包括社会生活、自然世界、生命情感、科技艺术等。例如，英国语文教科书中，以"人与自然"作为题目，选取了"人与动物""探索自然""珍爱生命"三个篇章，从而将动物学、地理学、生命科学三个不同的学科联系在一起。日本的一本名为《灰姑娘的时钟》的教材中，从灰姑娘的童话故事讲起，接着谈到时钟和机械时钟的发展史，又讲述了从不定时到定时的转变而产生的雇佣制度，讲述了"时间就是金钱"的经济道德观念，并将物理学、经济学等多个学科联系在了一起。可以说，语文课本是一个使学生在包罗万象的知识中提升素养、拓宽视野、充实心灵、学习创造、积累财富、提升人格的多彩世界。

其四，必须体现与时俱进、贴近现实语境的生活化特征。

语文教学要随时代的发展而变化，努力与学生的生活实际紧密结合，贴合学生的生活、情感和心灵。丰富多彩的现实生活才是语言教学的活水之源。在应试教育的要求下，传统的语文教学常常冷落或忽略真实的语言情境，使语文教学脱离了学生的真实生活。在此之前，我们已经谈到了大学语文教育所面对的各种情境，例如，文学创作所处的历史情境、作者所处的生活环境或心理环境、语篇内部的语境、课文的现代教学背景，等等。在安排语言教学的教学内容时应提起对语言环境的重视。脱离了具体情境的教科书与教学，必将导致语文教育的"边缘化"。因此，无论是专题的安排、文本的选择、研读资料的选择、练习的设计，还是教学方法的选择，都应该与学生的心理发展水平密切贴合，对学生的现实生活保持全方位开放。这一特点不仅能够满足当代大学生的现实生活需求，还能够考虑到他们将来的人生发展需求，与生态教育理念方向一致。在许多语文教学专题中都可以找到与学生生活相衔接的节点，并将这个节点进行延伸，将其直接引入学生的生活中，使学生对其产生共鸣。例如，梁启超的《论毅力》、余秋雨的《苏东坡突围》、朱光潜的《美感教育》、米兰·昆德拉（Milan Kundera）所写的《生命中不能承受之轻》，都对学生的生活与心理有很大的启发作用，这些文章都是极富生活气息的佳作。

另外，大学语文所要解决的除了要怎样面对经典的问题，还有如何面对通俗文学和通俗文化的问题。毕竟，学生每天都生活在这样的环境中，怎样才能对他们进行正确的指导是大学语文课程所面对的最大课题，也是一个不可避免的现实问题。大学语文教学必须站在文化的高度对新出现的社会文化现象作出理性的阐释。

对"大众文化"这个概念的定义是一个相当复杂的问题。对于"大众文化"，威廉姆斯（Raymond Williams）在其著作《关键词》中给出了"大众文化"的定义，其中一是"大众偏好的文化"；二是指"不登大雅之堂的下等文化"。另外，还有"无产阶级的、革命的、普及的、面向工农兵的文化""资产阶级的国家意识形态，一种以标准化、陈腐老套、保守主义、虚伪、满足浮华幻想的、受操纵的文化工业产品为标志的文化（法兰克福学派的观点）""次标准文化或剩余文化，即去掉了高雅文化之后剩余的那部分文化""商业消费文化""美国通俗艺术的意识形态或美国文化的代名词""伴随着城市化、工业化的出现而产生的城市工业文化"等定义。而当代学者金元浦教授认为："今天的'大众文化'是一个特定的范畴，它主要是指兴起于当代都市的，与当代大工业密切相关的，以全球化的现代传媒为介质大批量生产的当代文化形态，是处于消费时代或准消费时代的，由消费意识形态来筹划、引导大众的，采取时尚化运作方式的当代文化消费形态。它是现代工业和市场经济充分发展后的产物，是当代大众大规模的共同参与的当代社会文化公共空间或公共领域，是有史以来人类广泛参与的，历史上规模最大的文化事件。"① 作为当代大众社会发展的产物,大众文化体现了广大人民群众的文化心态与价值取向,是具有广大群众基础的一种文化。它不仅影响了人们的精神生活,也影响了整个国家的整体文化水平,而且限制着国家的发展和前进。在这一点上,大众文化在塑造人的心灵方面有着不容忽视的作用。

随着改革开放和市场经济的发展,当今中国的大众文化也兴盛起来,它的主要特点和影响如下。

一是商业性。大众文化的商业性决定了经济效益始终是文化生产者首要关注的部分,这样的大众文化会受到商人经营策略的影响和控制,在文化商品的经济效益和社会效益中,社会效益总是被忽略的一方。文化商品的生产者和经营者的根本驱动力和价值取向是商品的最大利润,为了迎合社会上对商业化和娱乐化的需求,他们会对暴力、性关系、犯罪行为、社会矛盾和矛盾解决方式进行夸大和虚构,导致这些社会现象中所蕴含的人文特点和价值观念被破坏,造成社会上享乐主义、拜金主义和虚无主义横行,低俗文化和不理智行为盛行。青少年的心智还没有发育完全,对虚拟世界缺乏判断力,常常混淆虚拟世界和现实世界,将虚拟世界中的不理智行为带到现实生活中,他们会对某些事物进行集体崇拜和模仿。这种模仿行为表面上看是一种追求自由和个性的行为,但其实是一种盲目的、没有深度的非理性表现,导致大学生的理想追求和奋斗目标被磨灭,形成不健康的价值取向和标准。另外,大量庸俗、媚俗的媒体广告不断以虚假的信息营造理想乌托邦,煽动大学生的消费欲望,使享乐主义和消费主义在大学生群体中横行,使一些大学生心气浮躁,形成了浮而不实的学风和错误的价值判断,中华民族传统美德中的吃苦耐劳精神和艰苦奋斗精神受到重创。

二是复制性(模式性)。大众文化设计文本时是按照固定的模式进行的,读者在解读文本时只能受限于设定好的程序,被动接受其意义。程序化的文本会磨灭读者的想象力、创造力和个性,这种情况会引发非理性情绪,缺乏个性和思想深度的、一切以广告和时尚为导向的大众文化会妨碍大学生理性思维和批判能力的形成,对大学生自主人格的建构有严重的负面影响。

三是世俗化。大众文化追求的是功利主义、短暂的感官享受和狭隘视角下的

---

① 金元浦,继承与反思:马克思主义文艺美学观念对中国当代文艺学建设的影响 [M].北京:群言出版社,2015:220.

利益。对年轻人来说，流行歌曲、电影文化、通俗文学、饮食文化、服装文化、网络文化、漫画，这些都是他们喜欢的文化产物，在这些文化中，他们感受到了"渴求堕落"等非主流文化价值的刺激，以此来满足自己的精神生活需求，但这同时也造成了年轻人的价值观念的不平衡。这种不平衡表现在以下方面。首先是政治意识的淡薄和价值观念的扭曲。其次是在年轻大学生中滋生了功利主义和个人主义倾向。一些学生以享乐主义为主要文化理念，从而造成了思想上的匮乏，他们没有坚定的理想与信仰追求，只能一味地追逐潮流。个人主义的泛滥使他们严重缺乏社会责任感，也使中国数千年来的"天下兴亡，匹夫有责"的优秀传统被消解。最后，大学生的革命理想、英雄主义、集体主义、爱国主义和民族主义的培养受到严重的不良影响，导致有的大学生对这些优良传统的漠视。

因此，文化的全球化所带来的"大众文化"对文化本身具有双面影响，一方面它为大众带来了娱乐和消遣，另一方面它也带来了灾难和毁灭。大众文化的消极意义对文化具有毁灭性的打击，它会加速文化对其自身源头的遗忘，这种破坏作用在面对弱势文化时更为明显，处于边缘地位的弱势文化甚至会因此瞬间消亡，造成文化生态失衡。

但其也带来了积极影响，大众文化的兴起为中华文化带来了异域文化和新鲜事物，使人们的衣食住行方式更加丰富多样，民族文化中汇入新鲜血液，对异域文化中的营养加快吸收，迸发出更多全新的思想和看法；大众文化对每个民族的外部造成影响，使其得到创新发展；大众文化促使文化工业产生和崛起，推动文化生产力的发展，文化产业是 21 世纪的新兴产业，它将成为世界经济的全新增长点和国民经济的支柱产业。文化生产力具有"经济文化化"和"文化经济化"以及"文化经济一体化"的特征。大众文化为大众提供了自由、便利的公共文化空间，使大众拥有文化的个人空间和个性的表达方式，让大众能够便捷地获取想要的文化资源，从电视剧、流行服饰、流行歌曲等新的文化时尚和公共文化话题上对现代人的日常生活、审美趣味和价值取向进行全新塑造。

因此，我们要以健康的、积极的、宽容的心态来看待"大众文化"这把双刃剑，接受其中的积极因素，抵制其带来的不良影响。文化全球化为中国带来了大众文化，并打破了中国长期以来主流文化和精英文化各据一方的局面，形成了主流文化、大众文化和精英文化三足鼎立的局面。

当代大学语文的教学语境和教学对象的知识结构随着全球化的进程和市场经济的发展而不断变化，大学生置身于这样快速转型的社会背景和思想激烈碰撞的氛围中，人生取向和知识体系会在市场经济条件下的大众文化中不断发生变化，他们可能不能以理性的眼光看待现实社会中的种种文化现象，可能会表现出非理性的盲目崇拜和效仿。大学语文课程以培养大学生的人文素质为目的，对于这种现象，大学语文教学必须采取行动，付诸实践。大学语文教学应充分关注现代社会背景下对大学生造成影响的流行歌曲、通俗小说、时装广告等快餐文化，用正确的、理性的视角引导他们对大众文化产生充分的认识，用中国传统文化充盈其人生。语文教育其实就是一种用母语教学生如何做人、做事、做学问的教育，做学问是对做人、做事的深入研究，教师要引导大众文化进入课堂教学，不能因为其具有消极意义就回避，要用批判的理性思维和宽广的学术视野帮助学生对大众文化产生鉴别力，要通过各种文学作品来掌握社会和历史的发展状况，时刻关注社会中存在的各种问题，以积极的心态应对大众文化给中国传统民族文化带来的挑战，培养中国人才的民族认同感和爱国主义思想。

第四节　网络化与大学语文教学改革与创新

一、网络化大学语文教学系统的构建

（一）网络化大学语文教学系统

网络化的大学语文教学系统并不是完全否认传统教学模式，而是利用现代信息技术来对传统教学模式中的不足进行完善，对于传统教学模式中的宝贵教学经验和教学方法，网络化大学语文教学系统要加以学习和延续，将传统和现代化技术相结合，实现二者协同并进的目标。

网络化大学语文教学系统由传统的课程教学模式和以网络多媒体为基础的网络教学模式组成。传统的课堂教学系统要素一般为教师、学生和教材，而网络化教学系统还包括媒体这个要素。在我国的语文教学中使用的一直是传统的课堂教学模式，在这里不加赘述，本书将详细探讨网络化教学系统。

网络教学系统包括教学模块和辅助模块，这是网络化教学成功开展的前提条件和基本要求。教学模块包括管理模块、课程概况、交流社区、工具资源、课程资料、单元测验、期末考试。辅助模块包括电子邮件系统、FTP 服务、聊天室等。

管理模块是网络教学能够顺利开展的重要保障，是教师有效监督学生自主学习情况的重要途径，主要包括对师生账户、学习记录、教学管理等各个方面的管理。

课程概况是在学生开展自主学习之前应该了解到的关于课程的教学计划、目标要求、学习方法和策略、测试与考核、答疑解惑等方面的具体描述和说明。

教学模块是网络教学系统中最主要的内容，应该包含语文教学中的听说读写所有方面的内容，教师可以通过 PowerPoint 讲稿、Word 文档、图片、音频、视频、动画、网页等方式将准备好的教学内容和学习任务展示给学生，授课不再只有面对面的形式，学生能够不受时间和空间限制，通过访问教学主页浏览教学资源就能随时随地进行学习。

交流社区是供学生与教师、学生与学生之间进行讨论的模块。可以是教师提出问题，学生回答，也可以是学生提出问题，教师解答。学生间的讨论可以围绕某个观点或随机选取一个与课程相关的话题，既可以是随机的、灵活的讨论，也可以是有针对性的、确定主题的讨论。

工具资源是教师为了避免学生对使用网络资源存在工具方面的问题而在教学软件中准备好的常见的音频、视频、图像、解压缩、录音、电子词典等工具。

课程资料模块包含与学习主题密切相关的各类学习资料，能够弥补课堂教学内容和教材容量的局限性，帮助学生拓展知识、拓宽视野，更好地进行个性化学习。

单元测验是学生自主进行的，是在平时的语文学习中考查和评价学生学习情况而进行的测试。这样可以避免出现学生临时抱佛脚的情况，监督学生按照教学计划的要求进行阶段性学习，教师也能够根据学生的测验情况来及时调整教学方法和教学内容。

期末考试是教师根据教学内容在题库中随机抽取一些题目考查学生在某一教学阶段的整体学习情况，考试的题型和分值都由教师根据考核要求选定。

以上就是网络化语文教学系统的教学模块，通过这些模块内容可基本完成教学任务。有条件的院校还可以设置辅助模块，如电子邮件服务、FTP 服务、聊天室、笔友栏等，帮助教师延伸语文教学的维度和空间，拓展学生的语文学习空间。

（二）网络化大学语文教学模式的操作程序

在确定了网络教学系统的组成后，再就其具体实施过程作详细的论述。模式是实践活动的结果，是客观事实的抽象，我们所理解的模式是指人们在具体概念的指引下，经过长期的实践活动而形成的一种结构形式。在教学实践中，我们要构建的语文研究性教学模式是一种在教师的指导下，以学生为主体，以问题为中心，以"个体—群体"互动合作探究为基本形式的教学结构形式。模式结构的运作就是实际应用课程目标、教学计划和教学内容的过程，它的运作是否科学，将直接关系到教学质量的高低。

基本流程是基于语文学科性质、单元教学内容、教学对象特点以及运作状况设置的具体实施环节组合，是网络化语文教学系统的基本框架，这种模式流程组合并不是一成不变的，而是多元化的、灵活多变的、动态变化的。

1. 创设情境，发现问题

在教学的初始阶段，教师扮演着组织者的角色，需要提前做好教学内容和教学计划的安排。教学设计、教学内容、学习资料等都以多媒体的形式立体化地设置于网络语文教学平台上，教师根据教学计划对具体教学活动进行安排。这对于实现网络环境下的语文教学具有十分重要的意义。教师可以通过运用多媒体网络软件的声、色、画、文等多种手段，营造出困难情景，从而使教学内容与学生的求知欲产生"不协调"。设疑寻导，激发学生强烈的探究欲望和参与欲望，这是让学生专心参与语文教学活动、产生真实问题的先决条件。学生从兴趣开始到内在兴奋，在这样的情境中，教师引出学习主题，为学生提供示范指导、参与方法和参与机会。学生在这一阶段第一次参与，兴奋感由内在的转化为外在的，使他们内在的参与欲望转化为参与教学活动的行为。

2. 启发思考，自主探究

教师将学生分成若干个小组，每组 6~8 人，确定每个小组要进行讨论和研究的主题，组织他们积极围绕研究主题讨论学习情境中的问题，鼓励他们自由发言、相互启发、交流意见，积极投入地发表见解，形成良好的合作学习氛围，对问题加深理解，获得更深刻的体验，教师在这个过程中要进行指导和调控。

在这一阶段，教师在参与讨论的同时，也要及时了解和掌握学生的研究情况，并对其进行指导、点拨和启发。教师可以鼓励学生采取多种形式灵活地交流、讨论，维持并激发学生的学习热情。对于有特殊困难的同学或小组，教师要对其开展个性化的辅导，为其创造必要的条件或协助其调整研究方案，为其提供自我联想与想象、自我创造空间的可能，让其积极地参与到自主探索中，充分发挥自身的独立性和自主性。学生基于自己的亲身经历提出问题，并在自主感悟中表达自己的看法，同时还可以从不同的视角来审视他人的看法，这样的个体观点与集体观点之间的碰撞和融合，可以很好地提高学生的研究能力和协作能力。

同时，在这一过程中，学生也必须对网络环境下的教学模式以及课程学习的基本特征有一定的了解。这样，就可以在网上按照单元结构对学习内容开展自主学习，并通过单元考试来检验自己对所学内容的掌握程度。如果学生未能通过单元测试，应继续学习和巩固，直到满足课程要求。通过单元测验者，将会得到教师的当面指导。在此基础上，再进行下一个单元的学习，继续按照这样的顺序进行。

总之，网络语文教学模式的运行过程实质上就是一个学生个体化的、自主的学习过程。在全网环境下，这是语言教学中最重要的一环。在相应的教学条件和设施具备的情况下，学生就可以通过在线的网络教学平台进行学习。在教学系统中，教师和学生都有自己的账号，而且都是有自己的权限的，这是在网络环境下进行教学的必要条件。在教学过程中，教师和学生都是用各自的账号登录。学生的学习时间、学习内容、学习过程等均由学校的管理系统进行记录。如果是正规的网上授课，那么就可以在指定的时间、指定的地点进行学习。在课余时间，学生在任何时间、任何地点都可以在网上进行学习。学生可以按照教师和教学系统设定的教学进度和要求来安排自己的学习，也可以根据自己的具体情况来安排。

3. 指导求新，展示成果

在进行了一系列的讨论与研究之后，学生得到了较为成熟的结论。此时教师可以鼓励学生对得到的结论和成果进行总结归纳，编写研究报告。学生可以自主选择展示研究成果的形式，包括论文、调查报告、主题演讲、探究日记、多媒体课件（演示文稿或专题网页）、活动设计方案等。所以，展示成果的过程可以采用面对面的课堂形式，在课堂上各小组依次展示研究成果；还可以把自己的研究结果放到网络上。在汇报的过程中，学生在向别人展示自己的成果的同时，也会对别人的成果进行学习。这个过程能培养学生的创造性思维、语言表达能力、当众演讲能力、运用信息技术的实践能力，而这些能力都是大学语文教学的目标要求，也是信息社会中的人才所必须具备的素养。

4.激励创新，效果评价

鼓励同学们踊跃地参加课堂讨论，并就以上所展示的研究结果指出优缺点。教师鼓励、点拨、启发，学生总结、巩固。进行报告之后，学生还需不断地进行修改和补充，使研究更加完善，并为未来的探究性学习提供依据。探究性学习的重点在于评价的目的不是"区分"，而是要推动"发展"。评价要让学生发现他们的能力成长点，促进他们的"发展"，提高他们的自信和学习水平；评价功能的发挥要靠学生自身的反省与主动改进来实现；评价结果的表现形式是对学生潜力的多方面开发和对学习发展计划的建议。

二、网络化大学语文教学体系中师生关系的构建

在网络环境下，语文教师的教学行为与学生的学习行为都有了很大的改变，因此两者的角色也随之改变。网络时代给语文教学带来了新的挑战，对学生和教师扮演的角色有了新的要求，我们必须对此进行再认识。

（一）网络语文教学模式下的语文教师

1.教学地位"从主体到主导"

在"以教师为中心、以课堂为中心、以教材为中心"的模式下，教师是主动施教者，学生处于被动接受知识的地位，是知识的灌输对象，而灌输的内容就是教材。教师在课堂上进行教学时，需要借助教材、粉笔、教案、黑板等工具。因此，在教学活动中，教师是最高的权威，是知识的掌控者。许多语文教师在教学中常常会思考怎样把知识高效地传授给学生，怎样对教学内容进行精心的组织，怎样对教学流程进行合理的设计。"如何教"是课堂教学中的一个重要问题，也是课堂教学中的一个重要环节。但在信息化时代，多元化的大众媒体使教师不再是唯一的信息源，而网络教育的兴起和网络教学模式的建立，提倡"以学为本"，由"以

教师为本"向"以学生发展为本"转变。教师从"权威者"到"合作者""指导者",学生由"被动者"变成"主动者""创造者"。这就要求语文教师要从单一的知识传授者转变为多元角色。网络教学使语文教师从传统的"主导者"转变为"引导者",指导学生借助各种媒体平台开展自主学习;由传统课堂教学模式下的知识传授者转变为学生知识结构重建和认知能力发展的导航者;由教学资源的拥有者或垄断者转变为学生获取学习资源的帮助者;从传统教学中单元媒体、简单教具的制造者和用户,转变为以计算机网络教学资源为工具的协作开发者和使用者。由"怎么教"到"教学生怎样学"的转变,实现了以学生为主体、以教师为主导的转变。然而,这种角色的转换并不意味着教师在教学中的主导地位被弱化或抛弃。在以学生发展为中心的教学过程中,如果忽略了语文教师的主导作用,忽略了师生之间的互动与交流,教学一定会失败,学生的学习也会毫无头绪。我们应该清楚地认识到,网络化教学以学生为主体,教师不再是教学的主宰者,而是变成教学的引导者。语文老师对学生的直接灌输少了,但在学生整体学习中的作用非但没有减弱,反而变得更加重要了。一位优秀的语文教师,既是一位教练,也是一位合作伙伴。语文教师角色的转变说明了人们对语言教学的期待越来越高、要求越来越严格。

2. 网络环境下语文教师必须具备良好的信息素养

一般语文教师的信息素养主要体现在信息意识、信息应用能力、信息道德等方面。

首先,语文教师要具有信息意识。作为一名语文教师,必须对新的和有重大意义的信息具备较强的感知能力。网络教育是一种基于信息的学习方法,也是"信息本位教学"。只有具备了很强的信息意识,并且对信息和信息技术有很强的敏感度,语文教师才会在挖掘信息、搜集信息和使用信息方面发挥积极作用,高效地获得信息;可以迅速地找到显性信息,并可以根据这些显性信息找到隐藏在它们之间的隐性信息,对信息获取策略进行优化,从而可以更快地获得信息,把信息有效地运用到教学中去。

其次,在互联网上的海量信息面前,一名语文教师应该具有在互联网上搜索、处理、创新、发展、传递等一系列的综合能力,并且能够从海量的资讯中选择出有用的资讯,将所获得的资讯加以整理、加工,使之更好地服务于当下的教学。

这是一名语文老师在网络教学中必须掌握的一种技能。

最后，语文教师应具有良好的信息沟通能力和合作精神。互联网对人类社会的一项重要贡献，就是实现了信息的共享与高效的信息交流。每个人在分享别人的信息时，都有向别人提供自己所拥有的信息的责任，如果不这样做，就会导致网络资源的短缺甚至枯竭。因此，在网络环境下，语文教师应具有信息合作意识。信息合作有两层含义，一是指与别人进行信息交换和合作，以实现信息的共享，提高信息的使用效率；二是通过与其他组织的协作，共同进行信息的挖掘与生产，以实现信息的高层次发展与共享。与此同时，语文教师对网络中发生的经济、法律和社会问题也要有清晰的认识。每一个信息使用者都要做到遵纪守法、尊重他人的知识产权、维护社会公德和网络安全，遵循基本的信息道德规范。

3. 网络环境下语文教师的能力结构

（1）较强的网络教学设计能力

强调对学生创造力的培养，是网络教学的一大特点。在网络教学中，语文教师的责任并不是要传达多少知识，而是要用一种细致的教学设计来激发学生的思维，让他们能够主动地去学习，在语文教师的指导下，让学生拥有一种能够进行知识建构的能力。信息技术是网络教学模式的基础和前提，网络教学模式"以学为中心"，因此在教学设计上和传统的教学模式有很大区别。网络教学设计以互联网为基础，有先进的教育理念作指导，围绕"问题"情境和培养学生解决问题的能力的教学策略进行系统化准备。网络教学的设计旨在激发学生在网络环境中合作开展探索、实践、思考、综合应用和问题解决等更高层次的思维活动。语文教师应在充分了解学生学习情况和充分分析教学内容的基础上，确定适宜网络学习下的教学目标，提供丰富的教学资源，设计教学过程，并针对网络学习背景下的教学模式进行反思与评价。网络教学的设计理念要把学生的主观能动性和创造性的发挥作为重点，所有的教学都是根据学习者的需要和特征来设计的，一改过去只关注"如何呈现、讲授知识"和"满堂灌"的现象，不再让学生只是被动接受，而是强调案例学习、参与学习、体验学习等"驱动"学习方式。但同时我们也要警惕，在教学设计上不能完全按照信息化的要求进行，避免改"人灌"为"机灌"的问题。

（2）协作性教学的能力

在当代社会中，学生的合作能力越来越受到重视，而合作能力又是网络教育中的一项重要能力。比如，不管是以网页为基础的教学，还是网络探索性教学，都是通过学生间的相互影响、互相合作来达到解决问题的目的。作为一名语文教师，要有良好的合作协调能力，这是语文教师培养学习者合作能力的重要品质和经验背景，只有这样，教师才能将合作信息高效地传递给学生。同时，传统课堂中语文教师劳动的个体性、封闭性在网络教学模式下被突破。语文老师可以借助网络等通信方式进行跨越时间和空间的合作，从而突破了过去封闭、自我锁定的狭隘视野。因而，语文教师运用信息技术可以更好地实现与他人的合作，经验和智慧的共享也会越来越高效，从而获得更广泛的教学支持。比如说，可以开展在线教研活动，与其他教师一起对教学设计进行讨论，并获得反馈信息，对自己的设计方案进行修改和完善。

（3）较强的"导学能力"和"促学能力"

网络教学模式提倡"以学生为主体"，以学生为学习的中心，但因为长时间以来，学生一直都是被动接受知识，现在突然要他们主动学习，一些学生会难以适应，不知道怎么学，不知道从何下手。这时候，语文教师的主导作用就凸显出来了。因此，网络教学的成功与否，取决于语文老师能否真正地起到主导的作用，以及将"导"的作用发挥到什么程度。这就需要语文教师在网络环境下要做学生自主学习的指导者，也就是要做学生的帮助者、交流者和协作者，从而推动学生的学习。这不仅是传授知识的能力，更是一种能让学生自己主动探索并对其提供有效帮助的能力，在语文教师的"导学""促学"作用下，帮助学生构建自己的知识系统。

（二）网络语文教学模式下的学生

学生在学习中的地位在网络教学中发生了转变，由被动接受知识者转变为学习的主体，信息社会对于学生的基本素质要求也随之发生变化，学生的关键技能变成了学会学习、学会交流和学会合作；对学生的学习能力也有了更高的要求。

1.信息素养的要求

知识的一半就是知道到哪里去寻找它。互联网已成为世界上最大的知识宝库，大学生面对的是海量的知识信息。学生的信息素质是影响网络教学成败的重要因素。对于学生而言，信息素养是一种在信息化社会中的基本适应能力，也是对信息进行获取、甄别、加工、生成和再创造等各方面的综合能力，主要包括信息知识、信息意识、信息能力和信息道德等多个方面。信息素养是社会进入信息时代的"通行证"，信息素养不仅是一定阶段的目标，也是终生追求的目标。随着信息化社会的到来，知识更新速度不断加快，人们获取知识的目标和方式也发生了很大改变，大学生在离开校园后也要不停的学习各种知识和技能，这些变化对大学生信息素养提出更高的要求。因此，当代大学生要具有基本的信息素养，掌握基本的信息识别、加工、处理、创造以及评判的能力。伴随着社会的发展，社会对这些能力的要求越来越高。美国制定的《面向学生的美国国家教育技术标准》，详细阐述了各个年龄阶段的中学生信息技术素养的特点，以及如何运用信息技术来完成各门学科的学习，并详细介绍了该标准所使用的信息技术工具和资源。比如说，在语文教学过程中，教师可以对学生进行训练，让学生能够在短时间内对大量信息进行快速浏览、快速把握文章重点、提炼主要观点，能够精准高效地评价、分析、综合、表述以及下载、发布信息。本文认为，信息素质是一种较高层次的认知能力，它是学生进行知识创造、学习的基本条件。信息素质高的人不但知道怎样学习，而且具备了终身学习的意识，养成了终身学习的习惯。

2. 探究学习能力的要求

网络教学强调培养学生的创新精神和实践能力，重视学生的主体性、自主能动性和独立性的发挥，让学生自主发现问题、提出问题、分析问题并解决问题。让学生从被动接受知识到主动探究学习，在学习过程中善于质疑、积极探究、乐于实践、刻苦求知，一边解决问题一边发现新的问题并不断完善自己的学习体系。

3. 自主学习能力的要求

网络教学模式以学生为学习的主体，以学生的发展为中心，网络教学系统使学生能够自由地选择学习的时间、地点和形式，让学生的学习具有很大的灵活性。学生在这样的网络虚拟环境中必须要学会自主学习，要学会根据自己的兴趣爱好、学习水平来选择适合自己的学习内容、学习方法、学习目标和学习安排，在学习期间进行自我评价和自我激励，不断提高自己的自主学习能力。学生不断提高自主学习能力，能够对自身的潜力进行充分的发掘，能够对自己产生全新的认知，自信心能够得到提高。培养自主学习能力既对学习有好处，也对学生的情感发展有益。但是目前我国的网络教学还处于发展期，因此网络教学环境下学生自我学习能力的水平还有待提高。

有研究表明，我国的学生上网是为了玩游戏的占 60.7%，为了聊天交友的占 34.1%，为了掌握影视文艺动态的占 29.2%，为了看新闻的占 27.5%，为了发电子邮件的占 24.3%，为了查看卫生保健信息的占 5.7%。在美国一家广播公司开展的调查中，美国有 67% 的学生上网是为了获取信息，48% 是利用互联网工具开展研究和创造性活动，46% 是下载网上资料作为学习资料。[①] 对比可知，我国学生利用网络进行学习的意识比较差，大部分学生上网只是为了休闲娱乐，学生的网络自主学习意识还需要加强，要通过实践不断提高其自主学习能力。

4. 协作学习能力的要求

互动是现代教育思想中的一项重要内容，它包括教师与学生的互动、学生参与教学活动的积极性等方面。网络环境为教师与学生的互动、学生的积极参与提供了技术支撑。在网络环境中，教师和学生可以利用留言簿、聊天工具、聊天室、BBS、邮件、博客等多种形式来实现语言的交流和互动。同时，在某些教学环节中，也可以让学生参与学习内容的选择、学习方案的设计、学习策略的设计等方面的工作。网络教学的交互性和合作性改变了传统的教学方式，更好地发挥了学生的主体性。网络环境下的协作学习是基于计算机网络和多媒体等技术，通过多个学习者对某一内容展开讨论与沟通来理解和掌握教学内容的学习方式。网络化教学突出了以学生为主体的合作学习，要求学生充分发挥自己的主观能动性，培养合作意识。多媒体网络教学为学生之间的合作创造了一个广阔的空间，实现了个性化的学习。学生能够根据自己的实际情况，在网络平台上自主选择适宜的学习材料，并且能够利用交流商议、集体参与等方式来达到合作学习的目的，在合作的过程中，学生可以恰当地使用语言与他人有效互动，共同探究问题。通过交流，激发彼此的积极思维，通过智慧和成果的共享实现协作学习。协作性是指教师和学生之间、学生和学生之间，通过诸如电子邮件、讨论平台、视频会议等各

---

① 谢东华，王华英. 互联网＋环境下高职语文教学模式改革研究 [M]. 长春：吉林人民出版社，2017：256.

种形式进行多样化的、多方位的交流和互动。在网络课堂中，教师和学生之间能够实现一种跨越时空的、开放的、广泛的、具有互动性的、平等的讨论，能够互相启发、集思广益，大大提高了师生、生生之间的互动性。合作学习已经成为教师和学生必须具备的能力，课堂也要真正成为一个供教师和学生进行沟通、交流和学习的场所。

（三）网络语文教学模式下的师生关系

通过对网络教学模式下的教师和学生进行分析和总结，我们可以看到，在网络教学环境中，传统教学模式中教师"传道、授业、解惑"的权威性角色受到了严重挑战并被赋予了新的内涵。在网络教学模式中，教师要有深厚的知识储备，还要能够熟练使用计算机，这样才能在网络环境下为学生提供知识和信息资源方面的支持，为他们答疑解惑。教师在网络教学环境下的角色转变为学生学习的指导者、监督者和研究者，同时教师也要负责教学软件的开发和学习活动的安排。教师要在教学过程中熟练掌握多媒体技术和信息技术，要有对各类信息进行分类、过滤、分析、研究、整合归纳的能力，还要对学生的知识结构、学习动机和学习风格进行及时的了解，这样才能在学习过程中为学生提供各种有用的信息资源，将信息分类并在教学过程中充分发挥其价值，培养学生的自主学习能力和参与教学活动的积极性。教师要在教学过程中帮助学生找到最适合自身的学习目标、学习途径和方法，要锻炼学生的自我调节和自我监督能力，让学生养成良好的学习习惯，利用好信息技术来提高学习效果。教师要在学生学习过程中持续关注学生的情况，及时解答学生的问题，在教学过程中扮演好"指导者"的角色。面对丰富的网络教学资源，教师要平衡网络学习资源和教科书的关系，做好对学生浏览网站和学习内容的有效监督，让学生在教学要求的范围内进行自主学习。同时，教师要根据教学大纲中的教学要求和学生个体差异将现代信息技术和课堂教学整合起来，配合课件及信息技术人员为学生设计出基于情景、体现个性、形式多样的学习任务，以开发学生的发散性思维、培养学生探究式的学习方法、充分调动学生的学习积极性，促使其高效学习[①]。教师作为协作者，在组织协作学习，建立

---

① 孙蔓红.我国语文课堂教学模式的变迁 [J].江苏教育学院学报（社会科学），2010，26（7）：133.

良好、和谐的师生关系，组织、监督学生间和师生间的交互方面发挥着很重要的促进作用。

在网络教学环境下，网络等多媒体平台为学生提供了良好的学习环境，学生从传统的知识接受者变为意义的主动建构者。在教师的引导下，学生基于已有学业水平，自主确定学习目标、选择学习材料、学习方法和学习进度，并自主检测和评价学习结果。课堂外可自主选择学习的时间、地点，自主参与协作讨论；自主建构新的知识以及自主评价等。在学习过程中，学生既是语言学习材料的准备者，又是使用者，他们的自主能力、创新能力、实践能力和继续学习能力得到了良好的培养和锻炼；他们的潜能得到了发掘，个性得到了培养，创意也得到了鼓励。因此，在网络教学环境下，学习不再是枯燥无趣的事，而是一个快乐的探索和创造过程。在这个探索和研究的学习过程中，他们创造了一种完全符合自己个性的学习方案和学习策略，并不断突破，不断获得新知识，不断发展自己的研究能力。同时，这种模式最大限度地调动了学生的学习积极性。在进行自主性、探究式学习时，学生还可以和同学、朋友及教师等进行交流和沟通。

综上所述，尽管网络化语文教学模式已经在许多方面展示了其无可比拟的优越性，但由于它自身的特点也不可避免的产生一些问题，其中最主要的问题就是师生间情感交流的不足。就是说相较于传统的语文教学模式，它增加了师生之间交流的障碍，拉大了教师与学生甚至是学生之间的距离，师生间以及学生间的情感交流与传递变少了。网络化语文教学模式主要依靠教师—网络—学生的渠道来进行教学活动，这就减少了教师与学生之间、学生与学生之间面对面的沟通。在这样的网络化语文教学模式下，语文教学中很少再有教师富有感情的讲解，也缺少学生积极配合教师回答问题的声音，教师与学生之间、学生与学生之间的沟通交流减少了。这样的网络化语文教学模式失去了原本应该具有的情感交流与思想碰撞，没有发挥教育本应具有的社会化特征，不利于学习者社会化的培养，不能培养学生的情感道德，不利于调动学生的学习积极性，也就不利于开展有效的语文教学。由此看来，网络环境下的教学是教师主导作用与学生主体作用相结合的过程①。在强调教师主导作用时，不能忽视学生的主体作用，因为如果没有学生积极主动地参与学习，教师的任何教育措施都将无法落实，教师的主导作用就无法

———

① 曾令琴.高职立体化教材建设探析[J].中国职业技术教育，2007（22）：32.

实现。反过来，我们也不能因为强调学生在学习中的主体地位与作用，而忽视教师在课堂教学中的主导作用。毕竟教师的学识和能力对引导学生在网络环境下的学习是必不可少的。怎样让网络化语文教学模式中的师生沟通和实际的社会沟通交流方式更好地衔接起来，构建教师、学生以及网络资源之间互相帮助的完善的教学模式，是网络化语文教学模式探索的重中之重。笔者认为，只有将教师的主导作用与学生的主体作用有机地结合起来，才能使教和学相辅相成，彼此促进，进而实现教学效果最优化。

三、网络化大学语文教学体系下的教学策略

网络条件下的大学语文教学中，教学策略的核心是如何发挥网络环境和传统课堂教学的优势。一方面，充分利用互联网资源，改变传统语文教学模式，弥补授课短板，提高语文课堂教学效率。语文听、说、读、写等技能得以全面均衡地发展，培养学生自主性的学习能力；另一方面，不放弃传统课堂教学的优势，充分发挥教师在课堂中的主导作用，让教师的讲授成为吸引学生注意、引发学生积极思考、培养自主学习能力的重要环节。

（一）要树立网络教学的理念

网络教学要以现代教育理念为指导，充分利用现代信息技术，优化教学效果；在网络教学环境下，学生的个性化需求得到满足，自主学习能力得到培养。学生学习语文知识的同时，能够全面培养自身的个性、人格、道德、社交及其他能力等。教师对教学内容的选择和安排着重突出培养学生各方面的能力为出发点，体现出网络教学人性化的特点，对学生的要求和管理也要以人为本，充分尊重学习者自己的选择。

1.加强文本意识

所谓"文本"，对语文课堂来讲，就是以"文"为本，以学会阅读、揣摩运用语言文字为本。网络环境下语文研究性教学的开展，要加强文本意识，具体到本模式中，就是引导学生开拓教材的研究价值。

在本模式的阅读教学实践中，笔者具体设计了以下几种研究性学习模式。一是就一篇文章，通过问题设计铺设台阶的方法，开展语文研究性学习。在对文本

进行解析时，教师可以抛出一个或多个问题引发学生思考，引导学生带着问题在海量网络资源中选择相关的资料并与其他同学进行交流讨论时，对文本的理解自然就加深了。在问题设计上，我们既可以一文多题，也可以一文一题。二是就几篇文章进行比较，开展比较式的研究性学习。比较本身就是研究，就是一种思维方法。比较的过程就是研究的过程，就是培养思维能力的过程。学生通过对两篇或多篇独立的，没有直接联系的文章进行分析，借助大量的网络资源找出它们可能在内容、文体、表达方式、语言技巧等方面存在的差异，并找出它们之间的联系，鉴别文章质量的高下，提高分析和评价作品的能力。在比较研究中，除了同类文章可以进行比较，异类文章也可以进行比较。三是选择一组文章，围绕某一个方面，从网络上查找并筛选相关资料，开展专题性的研究性学习。笔者认为要培养学生持久的研究兴趣和纵深的研究能力，最好是开展专题性的研究性学习。

2. 创设一定的问题情境

创设一定的问题情境是语文研究性教学的重要环节，在网络环境下，教师通过创设学习情境，引导学生从不同角度、不同方面思考问题，能够激发学生学习的兴趣，也能够提高学生对文本所反映的生活或现实生活思考和判断的能力，发现并确定具有探究价值的东西。教师通过充分利用形象，创设具体生动的问题情境，能有效激发学生的学习兴趣和学习热情，引导学生充分地理解和运用语言，提高学生的语文能力和审美情趣。当然，在本模式中，大部分探究的问题是由学生来提出，但是教师在研究性学习中创设情境的导向作用是毋庸置疑的。教师所创设的问题情境一般可分为两种：一种是真实的，一种是虚拟的。由于受教学环境的限制，上课所创设的情境往往是虚拟的。另外，创设问题情境还可以结合课文内容来确定。学生在语文学习中，往往会遇到大量的问题，教师和学生可从中筛选一部分问题去研究。创设问题情境的方法有以下几种。

（1）图画再现情境

图画再现情景就是充分利用图片、音视频资料等，为学生提供鲜明生动的画面，以图导文、图文合一，启迪学生的思维，引发学生的想象，引导学生在图文并茂、情景交融的氛围中细细品味文字，大胆质疑。

（2）生活显示情境

生活是语文学习的最好教师。语文学习的外延和生活的外延相等，创设生活情境，一方面可以把生活引入课堂，让学生在这种思考中去感知教材的情感和道理，去发展学生的时空想象力，以收到"他山之石，可以攻玉"的奇妙效果；另一方面是将课堂教学与自然相联系，与社会相联系，引导学生结合教材内容领略他们能观察到的大自然的方方面面。这不仅可加深学生对教材的理解，还可以培养学生热爱自然、热爱家乡、热爱生活的深厚感情。

（3）音乐渲染情境

音乐是人类共同的语言，很容易引起学生感情上的共鸣。教师借助音乐语言，从"情"出发，为学生呈现教材描述的情境，可以快速的抓住学生感情的动情点，完成对学生情感的渲染、情感的激发和情感的调动。用音乐渲染情境，不仅有助于学生对教材的把握，还对培养学生健康的审美情趣起到至关重要的作用。

（二）处理好接受式学习与研究性学习的关系

研究性学习是在教学过程中创设一种类似于科学研究的情境，让学生在占有大量学习资源的基础上主动探索、发现、体验，并进行分析与研判，从而培养学生的思维能力和创新意识的学习方式。与传统的接受式学习相比，研究性学习具有自主性、探究性、互动性和开放性等特点，它能够培养学生的创造能力和创新意识。在网络教育环境下，学生可以借助现代技术手段打破时空的限制，快速搜索到所需要的知识。凭借占有的学习资料开展研究性学习，并在合作交流中发展思维，实现知识与能力的结合，理论与实践的结合。但是，这并不等于说接受式学习就已经过时。与机械式学习和被动式学习有着本质的区别，接受式学习是学生获取系统科学知识的主要途径，也是获取间接经验的最有效、最直接的方法。网络教学环境下，强调语文研究性学习，并不是放弃教师的责任，更不是对知识的贬低。每一种学习方式，自有它存在的合理性与认识功能。学生在求知过程中是需要思想和情感相互激荡的，能直接交流的接受式学习还是有它的独特魅力的。引进研究性学习并非要否定接受式学习，而是为了丰富语文课堂，提高学生的综合素质。在网络环境下的语文研究性教学模式应让研究性学习与接受式学习相互补充、相互促进，科学地将二者渗透于整个教学活动中。

（三）要发挥好教师和学生在教学中的作用

作为学习活动的主体，学生是教学中决定性的因素，任何好的方法和教材都需要学生自己去尝试和使用。作为教学活动的主导者，教师要对学生的学习活动进行全面的指导和帮助。网络条件下大学语文教学新模式能否从根本上取得预想的效果，一个关键要素就是看师生能否充分发挥各自在教学活动中的作用。

网络语文教学环境下，强调学生学习的自主性，但并不是说不要教师的指导，相反，它对教师的指导提出了更高的要求。教师不仅要帮助学生依据实际情况制定适合自己的学习目标，还要指导学生在丰富的网络学习资源中学会鉴别和筛选有意义的信息。同时，教师还承担着监管评估学生学习的重任。教师的指导应贯穿于研究性学习的全过程。教师应积极参与学生的研究性活动，指导学生研究性学习的方向，梳理研究思路，推荐好的研究方法，对学生的研究进行适当的点拨和校正。当然，这些指导都是点到为止，绝不能越过界限。

（四）构建网络化语文教学模式的原则

1. 切合学科特点

语文学科有其自身的特点，信息技术与语文学科的融合、渗透，强调的是利用信息技术手段创新语文教学方式，丰富语文教学内容，激发学生语文学习的兴趣，让学生在有限的学习时间内获得更多的知识，从而达到提高语文教学效率、培养学生人文素养的最终目的。因此，信息技术与语文学科的融合，重点还应落在语文教学上，应该回归到培养学生的语文素养上来，也就是学生听说读写基本能力的培养，也包括人文精神的培养。千万不能片面地强调网络教学的表面作用，忽视母语对学生的熏陶作用，忽视许多语文作品的具体形象性和阅读表达中个人感受的独特性，把语文课上成信息技术课或其他课。

2. 辅助性

与传统的教学方式相比，网络教学环境的教学具有强大的交互性。将语文教学与现代技术手段相整合，能使教学情境交融，能使教学内容更加直观、形象，在突出重点、解决难点时能起到良好的辅助作用，进而提升语文课堂教学效率。但不论网络资源多么丰富，信息技术多么先进，它在语文教学中也只是一种工具，是辅助教学的手段，不可能成为"包医百病"的灵丹妙药。信息技术仅仅是帮助学生筛选信息、交流信息，获取知识并进行意义建构的一种手段。也就是说，教学手段是学生进行发现、探究、认识社会和接受新信息并最终完成意义构建的工具。语文教学中运用一切工具和手段的最终目的都是为了上好语文课，培养学生的听说读写能力，发展学生的语文素养。

3. 个别化教学

基于网络的个别化教学模式，主要通过人机交互方式，建立起学习者和学习材料之间的直接联系。在个别化教学中，教学活动让位于学习活动，教学的对象成为了教育的主体，受教育者成为了自我教育者。在信息技术环境下，充分发挥学生的自主学习和教师的个别化指导，既能照顾学习能力稍弱的学生，又能满足学习能力较高学生的需求；既关注每个学习者的发展，又强调学习者之间的协作。

4. 主体性

网络资源及其手段应用于语文教学，其图文声像并茂的动态传播特点，能激发学生的学习兴趣，启迪学生思维，为学生创造一个直观的学习环境。但运用网络进行语文教学时要始终注意发挥学生的主体作用，因为素质教育倡导帮助学生增强和发展其主体性，使其逐步成长为社会生活的行为主体。语文教学应该是培养学生主动探索知识、增强主体意识的过程。学生是一个完整的人，不能把学生当成填塞知识的"容器"。同时，我们也不能忽视教师存在的价值，在网络学习中，学生的特征是多样和复杂的，平台上的各种学习资料也是良莠不齐的，这些都需要教师发挥教的主体地位来指导和帮助。

5. 自主性

网络环境下为学生营造了自主学习的良好学习氛围。基于网络的自主化学习，是学生积极主动、独立性的学习活动，也是学生制定学习目标、自主选择学习资料、自我思考与解决问题的过程。学生不仅可以在教师的指导下掌握教学内容，还可以利用网络主动地获取相关知识，并能不断地提出新问题，进行选择性学习，促进其对已有知识的巩固。在这种环境下，学生自身的主动性、积极性和创造性会得到充分的发挥。因此，教学中必须突出这个原则。

（五）要处理好几个矛盾关系

基于网络的语文教学模式存在两个主要的矛盾关系。一是突出现代化教育技术时不能淡化或忽视传统的课堂讲授环节。计算机网络虽然呈现出很强的教学优势，但毕竟是教学媒体，属于教学工具的范畴，利用它开展教学有其局限性，给组织教学与管理、发挥教学的情感因素等方面带来很大的困难。所以，在使用网络进行教学的同时，要注意发挥传统教学的特点和优势。二是强调自主学习的同时要关注教学中的互动环节。语文教学作为一个动态生成的过程，要求教师、媒介和学习者之间互为影响、彼此合作。因此，在教学过程中应充分发挥教师与学生的主观能动性，通过人机互动、师生互动和学生互动的形式促进相互交流，培养学生的语言交际能力。

第五节　超越传统，创新大学语文教育的评价机制

20世纪80年代以来，语文教育评价理论中的人文化倾向逐渐明朗并迅速发展起来。在语文教育中，人们开始考虑从人文因素的视角去评价语文教育。现代教育评价理论认为：评价中的主体应该是完整的、有感情的、有个性的独立的人，并通过评价促使被评价者个性的全面发展。评价的内容从只关注语文知识的掌握情况，开始转向包括对人的兴趣、爱好、情感、态度、意志、品格等方面的评价。评价活动不再是单纯只从评价者的角度出发，而是从涉及到的评价各方参与人员的需求出发，强调评价主体多元化和评价信息的多源化。既关注学习目标是否达成，也关注师生在教学过程的状态表现；既关注短时效的评价，又关注学习过程的长期积累对学生良好学习习惯的养成。大学语文教学评价是实现其教学目的的一种手段，基于人文素质培养和语文能力提升的大学语文教学定位，其评价体系必须关注人的精神价值、心理个性及人格修养，体现出人文性的特点。

一、大学语文评价机制应遵循的原则

评价机制是语文教育的风向标，直接影响着教育的目标走向，它是教学系统中调控能力最强的关键枢纽。传统大学语文课程的评价机制与中小学没有什么两样，其评价手段仅仅是依靠一张试卷、一次考试来决定学生是否完成学习目标、达到预计结果。而且所考内容主要是字、词、句、段等较为基础的语文知识，限制了学生的学习方式，无法培养学生的创造力和创新意识，难以从文化的角度涵

盖该课程的内涵。这样单一的评价方式，有悖于大学语文的教育定位。忽视了大学教育和大学生个性特点，不能激发学生学习知识的兴趣，不能提高学生的实践能力和思维能力，也不符合当代社会创新型人才培养的要求。随着大学语文课程定位的人文素质转向，原有的考核模式必须改变，建立起全方位考核学生综合素质和创新能力的开放性和灵活性相结合的大学语文评价机制势在必行。新的语文评价机制应体现以下几个原则。

一是开放性原则。改革后的大学人文语文的教学内容和教学方法都具有开放性的特点，那么与此相对应的考试评价方法也应该是开放性的，而不能使教学内容、教学方法与考试评价方法相冲突。

二是有利于倡导和促进研究性教学和学习。大学语文教育应该培养学生"如何思考"和"如何解决问题"的能力。

三是有利于提高学生学术研究的能力。大学人文语文采用专题化的教学模式，在专题讲授中评鉴作品，导入学术研究，鼓励学生主动学习和创造性学习。鼓励学生围绕课程和专题提出问题，并参照学术研究的方法查找资料、撰写论文，以提升其学术探究能力。

四是有利于学生人文精神和人文素质的培养，实现人的全面发展。

二、大学语文教育的评价方法

评价方法在大学语文教育中的地位不亚于教学过程，而且发挥着导航器的作用，直接影响着教学活动的方向。故在大学语文教育改革中，能否建立全息化的且有别于传统的评价机制将会影响教学改革的成败。全息化的评价是指对学生进行多侧面、多极次的评价。其方法如下。

（一）考核过程全程化

考核的过程与考核的结果同样重要，强调考核过程全程化，避免了"一刀切"片面反应语文能力的弊端。注重过程考核，全面评价学生对待语文学习的态度、方法等，把对学生能力和素质的考核贯彻在整个教学过程之中，淡化期末色彩、统考意识。在评分时，过程分值与结果分值应占相同比例。突出过程性评价，关注学生发展过程，把形成性评价与终结性评价结合起来。

（二）基础与创新相提并论

在考核读写基本能力的基础上，把对学生人文知识、人文精神和创新能力的考核放在突出地位。考核方式和考核内容设计应体现出较强的人文色彩，题目设计应给学生较强的选做空间，减少客观、死记、知识型题目，增加能反映学生人文素质和创新能力的主观题型，客观题与主观题的比例为 3∶7 或 2∶8。客观题内容设计应体现以文本为依托，按照内容拓展、学科交叉的思想，题目要求学生紧密联系课文并结合社会实际、专业实际，侧重考查其迁移知识、创新知识、分析解决问题的能力，以及独立解读文本的能力。

（三）考核方式灵活化

美文识记、经典诵读、论文写作、社会调查、课堂发言辩论都可纳入考核过程。

在考核方式上，不局限于期中和期末等答卷式的方式，可以选择灵活化的考核方式，如美文识记、经典诵读、论文写作、社会调查、课堂发言辩论等。对于应试教育和"一纸试卷论英雄"应试考核体系，学生很容易陷入疲惫麻木的心态。多元化、灵活化的考核方式有助于激发学生的学习兴趣，通过具体的考核方式的设定和要求，可以引导学生的学习方向，从听说读写多维度的角度加强对大学语文的探索和思维拓展，感受语文的魅力。考核方式的灵活化，是保障提升学生学习积极性的有力措施。

参考文献

[1] 赵锡淮，徐龙飞.大学语文 [M].北京：文化艺术出版社，2014.

[2] 徐林祥.语文教育研究方法 [M].上海：华东师范大学出版社，2010.

[3] 张树军.多维视角下大学语文教学理论与路径探索研究 [M].北京：北京工业
大学出版社，2019.

[4] 苏枫.大学语文教学与思维创新 [M].延吉：延边大学出版社，2017.

[5] 王双同.大学语文教育研究 [M].北京：中国商务出版社，2019.

[6] 张怡.语文教学与模式创新 [M].北京：光明日报出版社，2016.

[7] 何黎黎.大学语文教学方法的改革 [M].长春：吉林文史出版社，2017.

[8] 孙娟娟.大学语文教学改革理论与实践研究 [M].北京：中国商务出版社，
2019.

[9] 郭建灵，刘佳，刘永峰.大学语文教学设计和策略探究 [M].长春：吉林大学
出版社，2017.

[10] 薛猛.语文课程与教学论 [M].重庆：西南师范大学出版社，2019.

[11] 王丽霞.混合教学模式下高校大学语文教育现状和对策研究 [J].湖北开放职
业学院学报，2022，35（23）：153-155.

[12] 程琳.浅谈大学语文教学中的中华传统优秀文化教育 [J].华东纸业，2022，
52（2）：186-188.

[13] 左鹏.新文科建设背景下大学语文教育的回归与融合 [J].社会科学动态，
2021（9）：54-57.

[14] 张亦冉."互联网 +"视域下高校大学语文教育的现状及创新路径 [J]. 汉字文化，2021（14）：29-30.

[15] 赵亮.浅谈大学语文教育实践中的创新 [J]. 当代教育科学，2012（13）：60-62.

[16] 刘勇.网络环境下的大学语文教学模式探究 [J]. 文学教育（上），2021（9）：114-115.

[17] 张红花，揭其涛.大学语文核心素养提升的方法及启示 [J]. 文学教育（上），2021（7）：86-89.

[18] 吕学琴.语文核心素养视野中大学语文教学方法探微 [J]. 科教文汇（上旬刊），2018（13）：37-38.

[19] 王博.大学语文教学模式改革研究 [J]. 时代报告（奔流），2021（9）：122-123.

[20] 陶斯明，杨燕.网络环境下大学语文教学模式的构建策略探究 [J]. 文化创新比较研究，2021，5（25）：102-105.

[21] 易小会.基于职业汉语能力培养的高职大学语文教学改革研究 [D]. 南昌：江西农业大学，2015.

[22] 张超超.大学语文课程价值研究 [D]. 太原：山西大学，2014.

[23] 张鹤.现代语文课程性质研究 [D]. 长春：吉林大学，2022.

[24] 张丽娜.温儒敏语文教育观研究 [D]. 重庆：重庆师范大学，2017.

[25] 谭军.关联主义视角下高职院校《大学语文》课程有效教学研究 [D]. 重庆：重庆师范大学，2018.

[26] 刘沏雪.生态学视阈下的大学语文教育研究 [D]. 重庆：西南大学，2016.

[27] 常建宝.微课在大学语文课程教学中的应用研究 [D]. 桂林：广西师范大学，2016.

[28] 罗馨."三全育人"视域下大学语文课程育人的实现路径研究 [D]. 西安：西安科技大学，2020.

[29] 庄翠霞.提升应用型本科院校学生职业能力的大学语文教学研究 [D]. 福州：
福建师范大学，2018.

[30] 韩铁刚.积极语用的大学语文教学改革新探 [D].武汉：湖北工业大学，
2015.